T0152035

Las voces del camino

Voices on the Journey

LAS VOCES del CAMINO

Un complemento de
Singing the Living Tradition

EDITOR
Ken Herman

EDITORES DEL PROCESO DE DESARROLLO
Ervin Barrios, Lilia Cuervo, Gaylord Smith,
y Gildardo Suárez Bernal

Asociación Unitaria Universalista de Congregaciones
Red de Músicos Unitarios Universalistas
Boston

Copyright © 2009 por la Asociación Unitaria Universalista.
Derechos reservados. La Asociación Unitaria Universalista es
una organización religiosa liberal con más de 1,000 congregaciones
en los EE. UU. y Canadá. 24 Farnsworth St., Boston, MA 02210-1409.

Impreso en los Estados Unidos de América

Copyright © 2009 by the Unitarian Universalist Association.
All rights reserved. The Unitarian Universalist Association is a liberal
religious organization with more than 1,000 congregations in the U.S.
and Canada.
24 Farnsworth St., Boston, MA 02210-1409.

Printed in the United States
ISBN 978–1–55896–553–9

5
20

Acknowledgments of copyrighted material begin on page 121.

El propósito fundamental de nuestro llamado como miembros del Unitario Universalismo es recibir y aceptar plenamente a todos los seres humanos. El himnario *Las voces del camino* es una expresión de esta visión que representa el futuro multicultural de nuestras congregaciones unitarias universalistas. Al igual que muchos de ustedes, he anticipado el momento de cantar con *Las voces del camino* en congregaciones de toda la Asociación y continuar los esfuerzos para incorporar recursos en español en nuestra vida congregacional.

Por esta razón sentimos una gran decepción cuando el verano pasado tomamos conciencia de que la versión original de *Las voces del camino* contenía errores cuya magnitud impedía el uso del himnario. Esta nueva edición revisada corrige esos errores comunica los valores y el espíritu de nuestra fe y en manera elocuente.

Además de agradecer al numeroso grupo de personas que apoyaron y nutrieron la producción de *Las voces del camino* desde su principio hasta el final de esta edición revisada, quiero agradecer a aquellas personas que contribuyeron su tiempo y sus talentos para producir esta nueva edición revisada: Joe Sullivan, director del proyecto; Raquel Mora Martínez, editora de revisión; W. Gerard Poole, etnomusicólogo; Francisco Javier Lagunes-Gaitán y Jaume de Marcos, evaluadores del uso del idioma español.

La experiencia de utilizar *Las voces del camino* en las congregaciones unitarias universalistas está en sus comienzos. A medida que nuestro país sigue creciendo multiculturalmente, nuestras congregaciones tienen la responsabilidad de aprender estos cantos y así darles vida. Hagamos realidad que *Las voces del camino* sea una fuente de gozo e inspiración mientras que unidos construimos el futuro de nuestro movimiento de fe. ¡Adelante!

Peter Morales
Presidente de la Asociación Unitaria Universalista

Welcoming all people more fully to Unitarian Universalism is central to our calling as members of this faith movement, and *Las voces del camino* grew out of this vision of a multicultural future for our Unitarian Universalist congregations. Along with many of you, I have been looking forward to singing from *Las voces del camino* in congregations throughout the Association and furthering the incorporation of Spanish-language resources into congregational life.

It was therefore very disappointing to learn last summer that the original edition of *Las voces del camino* contained significant errors that required that the hymnal be recalled. This revised edition corrects the errors in the original edition and eloquently communicates the values and spirit of our faith.

In addition to the many people who have nurtured *Las voces del camino* from inception through the completion of this revised edition, I want to thank those individuals who have contributed their time and considerable skills to this revision: Joe Sullivan, project manager; Raquel Mora Martínez, revision editor; W. Gerard Poole, ethnomusicologist; Francisco Javier Lagunes-Gaitán, Spanish language reviewer; and Jaume de Marcos, Spanish language reviewer.

The experience of Unitarian Universalist congregations with *Las voces del camino* is just beginning. As our country becomes increasingly multicultural, it is now the responsibility of our congregations to learn from these songs and bring them to life. Let *Las voces del camino* be a source of joy and inspiration as, together, we build the future of our faith movement. ¡Adelante!

Peter Morales
President, Unitarian Universalist Association

Dedicamos este himnario a todas las personas que, como nosotros, anhelan una expresión musical de su fe liberal. Es nuestro sueño que esta colección alimente el multiculturalismo entre nuestras congregaciones y estimule la expansión dentro del vasto mundo hispanohablante de los principios que guían nuestra religión.

Con alegría, cariño y esperanza,
Ervin Barrios
Revda. Lilia Cuervo
Gaylord Smith
Gildardo Suárez Bernal
San José, California, marzo, 2009

We dedicate this hymnal to all those who, like us, yearn for a musical expression of their liberal faith. It is our dream that this collection will nourish multiculturalism among our congregations and stimulate an upsurge in the vast Spanish-speaking world of the principles that guide our religion.

With joy, affection and hope,
Ervin Barrios
Rev. Lilia Cuervo
Gaylord Smith
Gildardo Suárez Bernal
San Jose, California, March, 2009

Contenido

Prólogo/Foreword xi
Prefacio/Preface xvi
Principios Unitarios Universalistas xx

Himnos

1 Madre Esencia, Padre Esencia
2 ¿Adónde voy?
3 Gracias por el amor
4 Es un don ser sencillo
5 Oh, Dios de mi alma
6 De boca y corazón
7 Nombres sin fin
8 Jubilosos te adoramos
9 Sé que abrirá esta rosa
10 Surge la aurora
11 De noche iremos
12 La tiniebla
13 Resucita el mundo ya
14 De colores
15 Por la Tierra sempiterna
16 Oh Dios de lo creado
17 Más cerca, oh Dios, de ti
18 Busco calma
19 Cansado del camino
20 Oh tierra, el agua, el fuego y el aire
21 Ven, Espíritu de Amor
22 Llama de amor viva
23 El alma que anda en amor
24 Tengo sed de ti
25 Sed vuestras propias lámparas
26 En nuestra oscuridad
27 Romero de América
28 Vamos todos adelante / Sin volver atrás
29 Danos un corazón
30 Danos un corazón
31 Fuente de Amor
32 Sólo le pido a Dios
33 El amor nunca pasará
34 Libertad
35 Hazme un instrumento de tu paz
36 Cantando por nuestras vidas
37 Ven, ven, cual eres, ven
38 Somos el niño
39 Amar es entregarse
40 Pequeña voz
41 Preciosa gracia
42 Shalom
43 De ti yo recibo
44 Campana sobre campana
45 Decoremos los salones
46 Oh ven, oh ven, Emanuel
47 Las posadas
48 Entren, santos peregrinos
49 Dichosa tierra, proclamad
50 Oh, pueblecito de Belén
51 Los zagales y zagalas

52 ¡Ay del chiquirritín!
53 El rorro
54 Noche de paz
55 Vamos, pastores, vamos
56 A medianoche se escuchó
57 Del Oriente somos los tres
58 Jesucristo asciende hoy
59 El botón es flor mañana
60 Nos hemos reunido
61 Las mañanitas
62 No rompas este círculo
63 Alabadle (Haleluhu)
64 Vienen con alegría
65 Ven, ven, alégrate hoy
66 Que recibamos esta luz
67 Brille tu luz
68 Mi pequeñita luz
69 Cantemos ¡sí!
70 De todos bajo el gran sol
71 Unidos en el misterio
72 Danos paz
73 Vayan en paz
74 Día ya es
75 De rodillas partamos hoy el pan
76 Lleva la llama

TRES LECTURAS

77 Afirmación
78 Encendido del cáliz
79 Extinción del cáliz

ÍNDICES

Índice temático 113
Información sobre el origen del texto y la música 117
Índice de primeras líneas y títulos 119

Prólogo

En voces claras y vibrantes, de muchas culturas y muchos países hispanohablantes, se puede escuchar la música que afirma y a la vez profundiza nuestro espíritu unitario universalista. El orgullo en nuestras tradiciones unitarias universalistas mantenidas por largo tiempo y en nuestra fe enfocada en el futuro resuena a través de los cantos del libro que usted tiene en las manos. Esta música celebra nuestra diversidad y nos reta a crecer hacia una conciencia más amplia del unitario universalismo como una fe verdaderamente global.

La publicación de *Las voces del camino* también representa una ocasión histórica importante. Cuando nuestro himnario actual, *Singing the Living Tradition,* fue publicado en 1993, contenía solamente un himno en español. Nuestro himnario suplementario, *Singing the Journey,* debutó en 2005 con siete cantos más en español. Esto sólo sirvió para acrecentar el hambre. En nuestras congregaciones, como en nuestro mundo, la creciente diversidad ha animado a más personas a elevar sus voces en la celebración, en la tristeza, y en comunidad, usando un lenguaje común. ¿Cómo podría nuestra tradición religiosa fomentar dicha celebración unida? Por mucho tiempo he tenido la esperanza de que pudiéramos ofrecer dicho libro, porque según me lo ha recordado mi reciente viaje al continente africano y a nuestras congregaciones unitarias en África, no tenemos que hablar el mismo idioma para compartir esta fe salvadora. Es a través de nuestra música que nuestras comunidades pueden unirse, y es en nuestros cantos que nuestra historia y nuestro futuro pueden abrazarse.

En los cantos que aparecen en este libro, usted encontrará una rica mezcla de música de México, Centroamérica y Latinoamérica en general, melodías que disipan nuestra desesperanza, que elevan nuestra celebración, nuestro gusto por la vida, nuestra fe profunda. En "Las posadas", compartimos la jornada de José y María, extraños en la Tierra Santa, mientras los viajeros buscan refugio y son recibidos aún sin ser conocidos por aquéllos a cuya comunidad han llegado. Otros himnos alaban los dones de Oscar Romero, martirizado en la lucha por la libertad de El Salvador. Y otro canto, "Danos un corazón", ora pidiendo un corazón generoso que nos libere para amar sin fronteras.

También presentamos cantos que se encontraban originalmente en *Singing the Living Tradition* y que han sido traducidos al español para profundizar y enriquecer la celebración de todos. La nueva y hermosa traducción que hizo Ervin Barrios del canto de Carolyn McDade "Spirit of Life", viene en este libro junto con la traducción que hizo Gaylord E. Smith del canto "Gathered Here", un canto en canon que es un favorito en nuestras congregaciones, y muchos otros cantos. Como unitarios universalistas, a menudo hablamos de darles la bienvenida a los recién llegados, pero frecuentemente nos quedamos cortos en cuanto a honrar sus tradiciones. Con la publicación de *Las voces del camino,* esperamos que la puerta se abra un poco más para que la bienvenida sea un poco más genuina, mientras todos crecemos en el proceso.

Este libro es el resultado de años de labor por parte de muchos unitarios universalistas dedicados. Nos sentimos orgullosos de haber unido fuerzas con la Red de Músicos Unitarios Universalistas para publicar *Las voces del camino,* para extender nuestro diálogo musical hacia las tradiciones y celebraciones existentes inicialmente en países de habla hispana y ahora en los Estados Unidos. Mi agradecimiento particular va para la Primera Iglesia Unitaria de San José, California, y para el personal de los Ministerios en Español de esa congregación, dirigidos por el Dr. Roberto Padilla, quienes a través de su amor y dedicación han extendido a nuestra comunidad unitaria universalista una invitación para compartir la riqueza de una jornada de fe multicultural.

Nuestra gratitud se extiende hacia otros líderes de la congregación de San José: Gaylord E. Smith, quien trabajó incansablemente con sus colegas para desarrollar este recurso, Gildardo Suárez Bernal, Revda. Lilia Cuervo y Ervin Barrios, quienes prepararon el manuscrito que sirvió para crear este libro. También estamos profundamente agradecidos con Kenneth Herman, director musical de la Primera Iglesia Unitaria Universalista de San Diego, quien funcionó como editor general de este libro y lo guió hacia la realidad. Finalmente, quiero reconocer los esfuerzos incansables de Sofia Betancourt y Taquiena Boston, quienes son parte de nuestro personal de Ministerios Basados en la Identidad, por su labor de animar la realización de este proyecto, y a Deborah Weiner, oficial de enlace de la UUA para *Las voces del camino,* quien coordinó el proyecto desde el manuscrito inicial hasta su publicación final.

Nuestras congregaciones unitarias universalistas vienen en todos tamaños y formas. Mi esperanza es que al abrazar nosotros una fe más rica y más diversa de la que tenemos dentro de nuestros muros, utilicemos este libro para los himnos de nuestros coros, nuestras reuniones públicas mientras damos testimonio de nuestra fe al mundo en general y para nuestros cantos dentro de la congregación. Los cantos y las lecturas de celebración en *Las voces del camino* nos llaman, exhortándonos a abrir de par en par las puertas de nuestra fe y a abrazar a nuestras hermanas y hermanos unitarios universalistas de todo el mundo, en el gozo y la celebración.

En la fe,
William G. Sinkford
Presidente de la Asociación Unitaria Universalista
2001–2009

Foreword

In voices clear and vibrant, from many Spanish-speaking cultures and countries, you can hear music that both affirms and deepens our Unitarian Universalist spirit. Pride in our long-held Unitarian Universalist traditions and future-focused faith resounds throughout the songs in the book you hold in your hands. This music celebrates our diversity and challenges us to grow into a broader awareness of Unitarian Universalism as a truly global faith.

The publication of *Las voces del camino* also represents an important historic occasion. When *Singing the Living Tradition,* our current hymnbook, was published in 1993, it contained but one hymn in Spanish. *Singing the Journey,* our hymn supplement, debuted in 2005 with seven more pieces in Spanish. This only made the hunger greater. In our congregations, as in our world, increasing diversity has encouraged more people to lift their voices in celebration, in sorrow, and in community, using a common language. How could our faith tradition foster such united celebration? It has long been my hope that we would be able to offer such a book, for—as my recent trip to the African continent and our Unitarian congregations in Africa reminded me—we do not have to speak the same language to share this saving faith. It is through our music that our communities can unite, and it is in our songs that our history, and our future, can be embraced.

In the songs in this book, you will find a rich mix of music from Mexico, Central America, and Latin America—tunes that lift up our despair, our celebration, our zest for life, our deep faith. In "Las posadas," the journey of

Joseph and Mary, outsiders in the Holy Land, is shared, as the travelers seek shelter and welcome though they are not familiar to those in the community in which they have arrived. Another hymn praises the gifts of Oscar Romero, martyred in El Salvador's struggle for freedom. Still another, "Danos un corazón," prays for a generous heart, one that frees us to love without borders.

We also present songs found first in *Singing the Living Tradition* and now translated into Spanish to deepen and enrich the celebration of all. Ervin Barrios' beautiful new translation of Carolyn McDade's "Spirit of Life" is here, along with Gaylord E. Smith's translation of "Gathered Here," a favorite round in our congregations, and many others, as well. As Unitarian Universalists, we often speak of extending a welcome to newcomers, yet too frequently, we fall short on honoring the traditions of our newcomers. With the publication of *Las voces del camino,* we hope that the door will open a bit wider, the welcome be made a bit more genuine, as we all grow in the process.

This book is the result of years of labor on the part of many dedicated Unitarian Universalists. We are proud to have joined with the Unitarian Universalist Musicians Network in publishing *Las voces del camino* to extend our musical dialogue to the traditions and celebrations found first in Spanish-speaking countries, and now in the United States. My particular thanks go to the First Unitarian Church of San Jose, California, and to the Spanish Ministries staff of the congregation, led by Dr. Roberto Padilla, who have, through their dedication and love, offered our Unitarian Universalist community an invitation to share in the richness of a multicultural faith journey.

Our gratitude extends to other leaders of the San Jose congregation: Gaylord E. Smith, who worked tirelessly with his colleagues to develop this resource, and Gildardo Suárez Bernal, Rev. Lilia Cuervo, and Ervin Barrios, who prepared the manuscript which helped us develop this book. We are also deeply grateful to Kenneth Herman, music director of the First Unitarian Universalist Church of San Diego, who served as general editor of this book and guided it into reality. Finally, I want to acknowledge the tireless efforts of Sofia Betancourt and Taquiena Boston, both of our Identity-Based Ministries staff, for their work of encouraging this project into life, and Deborah Weiner, the UUA staff liaison for *Las voces del camino,* who saw it through from its initial manuscript to final publication.

Our Unitarian Universalist congregations come in all shapes and sizes. My hope is that—as we embrace a faith that is richer and more diverse than the one we hold within our own walls—we will use this book for our choir anthems, our public gatherings as we witness our beliefs to the larger world, and our congregational singing. The songs and celebratory readings of *Las voces del camino* call to us, urging us to throw the doors of our faith wide open and embrace our Unitarian Universalist sisters and brothers around the world, in joy and celebration.

In faith,
William G. Sinkford
President, Unitarian Universalist Association
2001–2009

Prefacio

Cuando la Asociación Unitaria Universalista tomó la decisión de incluir un número de himnos en español en el libro de cantos *Singing the Journey* (2005), ampliamente usado por las congregaciones, una importante puerta se abrió. Los miembros del comité que compiló ese suplemento para el himnario *Singing the Living Tradition* se dieron cuenta de que los himnos y cantos en español enriquecerían en gran manera el libro de cantos y que esta música sería de gran interés para muchos unitarios universalistas.

Pero siete selecciones musicales en español no eran suficientes para las congregaciones involucradas en el alcance y los ministerios en español o para aquéllas que lo estuviesen considerando. En realidad, imprimir unas cuantas piezas en español no logra reflejar el rostro cambiante del Unitario Universalismo en las congregaciones dinámicas y crecientes de hoy en día.

Este nuevo recurso, *Las voces del camino,* ofrece todo un año entero de música para celebraciones, contemplación e inspiración. Las múltiples temporadas y festividades, así como las causas y aspiraciones atesoradas por nuestra fe liberal están representadas en esta colección.

Gran parte de la música en este libro viene de nuestro himnario unitario universalista en inglés, *Singing the Living Tradition,* reflejando tanto la historia como la diversidad de nuestra herencia. Cada pieza en *Las voces del camino* que ha sido traducida de ese libro contiene una clara referencia al número del himno en *Singing the Living Tradition* y su título conocido en inglés. Ahora, las congregaciones bilingües pueden cantar las dos versiones "Nombres sin fin" y "Bring Many Names" simultáneamente en servicios devocionales, o "Por la Tierra sempiterna" ("For the Earth Forever Turning"), o "Fuente de Amor" ("Spirit of Life"). Nuestros mundos musicales y culturales se han extendido.

De igual importancia en *Las voces del camino* son aquellos cantos e himnos de fuentes seculares y de otras tradiciones sagradas que prosperan en Latinoamérica y Europa. Esta música puede también enriquecer los servicios devocionales en grupos cuya lengua principal es el inglés, bajo la enseñanza y el liderazgo sensibles de músicos, coros y ministros religiosos. Para ayudar a los de habla inglesa, se incluye un corto resumen en inglés para cada canto en este libro que no se encuentre en el himnario *Singing the Living Tradition.*

Los cantos más cortos y los cánones fáciles en este libro pueden usarse para abrir y cerrar reuniones y establecer el tono para los grupos de pacto y las reuniones de los grupos de apoyo. Encender un cáliz y cantar juntos da enfoque al tiempo que pasamos reunidos como comunidad y nos recuerda las raíces espirituales que son los cimientos hasta de nuestras tareas más cotidianas.

Cada canto en *Las voces del camino* viene con símbolos de los acordes y los acompañamientos para teclados son muy accesibles para los músicos. Para hacer esta música aún más atractiva y satisfactoria para los coros, particularmente las canciones en las secciones de Adviento y Navidad, comisionamos arreglos con partes vocales líricas, fáciles de aprender. Con estos nuevos arreglos y siete de los populares cantos Taizé, ninguno de los cuales aparece en *Singing the Journey,* yo espero que *Las voces del camino* se convierta muy pronto en una apreciada aportación para las bibliotecas corales.

Producir un himnario suplementario requiere del talento y la ardua labor de un conjunto de individuos, y crear uno que comience a afirmar la amplia diversidad de las culturas de habla hispana exige dedicación y visión.

El himnario *Las voces del camino* está basado en parte en una excelente colección de cantos y traducciones preparada por cuatro miembros de la Primera Iglesia Unitaria de San José, California: Gaylord E. Smith, Gildardo Suárez Bernal, Revda. Lilia Cuervo y Ervin Barrios. Xiomara Di Maio aportó sus invaluables consejos en cuanto al idioma español y la música, y Roy Attridge ayudó con transcripciones musicales. Los compositores unitarios universalistas Susan Peck, Daniel Ratelle y William James Ross proporcionaron nuevos arreglos musicales oportunos, y Ervin Barrios hizo nuevas traducciones poéticas específicamente para este libro. La intrépida negociación de los permisos de derechos de autor, a cargo de Melodie Feather, resolvió problemas demasiado numerosos para mencionarlos, y Gaylord E. Smith negoció hábilmente los permisos con autores y poetas en Sudamérica. Sus esfuerzos han enriquecido este libro y continuarán bendiciendo a quienes lo utilicen.

Cada idioma transmite los dones especiales de la cultura que los crea. Esperamos que cada voz que cante la música que aparece en *Las voces del camino* descubra esos dones y los use para fortalecer esa bendita comunidad de todas las almas que creamos juntos con el Espíritu de la Vida.

Ken Herman, Editor
Febrero de 2009

Preface

When the Unitarian Universalist Association made the decision to include a number of Spanish-language hymns in *Singing the Journey* (2005), the widely-used congregational songbook, an important door opened. Members of the task force that compiled that supplement to *Singing the Living Tradition* realized that Spanish-language hymns and songs would greatly enrich the songbook and that this music would appeal to many Unitarian Universalists.

But seven musical selections in Spanish were not enough for congregations engaged in or contemplating Spanish-language ministry and outreach. In truth, printing a few pieces in Spanish does not come close to reflecting the changing face of Unitarian Universalism in today's dynamic and growing congregations.

This new resource, *Las voces del camino,* offers an entire year's worth of music for celebration, contemplation, and inspiration. The many seasons and holy days, as well as the causes and aspirations dear to our liberal faith, are represented in this collection.

Much of the music in this book comes from our current UU hymnbook, *Singing the Living Tradition,* reflecting both the history and diversity of our heritage. Each piece in *Las voces del camino* that is a translation from that book contains a clear reference to the hymn's number in *Singing the Living Tradition* and its familiar English title. Now, bilingual congregations can sing both "Nombres sin fin" and "Bring Many Names" simultaneously in worship, or "Por la Tierra sempiterna" ("For the Earth Forever Turning"), or "Fuente de Amor" ("Spirit of Life"). Our musical and cultural worlds have expanded.

Of equal importance in *Las voces del camino* are those songs and hymns from secular sources and other sacred traditions that thrive in Latin America and Europe. This music can also enhance worship in primarily English-speaking settings, especially with sensitive teaching and leadership from musicians, choirs, and clergy. To assist English speakers, a short English précis is included for every song in this book not found in *Singing the Living Tradition.*

The shorter songs and easy rounds in this book can be used to open and close meetings and set the tone for covenant group and support group gatherings. Lighting a chalice and singing together focuses our time as a gathered community and reminds us of the spiritual roots that undergird even our most everyday tasks.

Every song in *Las voces del camino* comes with chord symbols, and keyboard accompaniments are user-friendly. To make some of this music even more appealing and rewarding to choirs, particularly songs in the Advent and Christmas sections, we commissioned arrangements with lyrical, easily learned vocal parts. With these new arrangements and seven of the popular Taizé chants—none of which are in *Singing the Journey*—I hope *Las voces del camino* will quickly become a welcome addition to choir libraries.

Producing a hymnbook supplement requires the talent and hard work of a network of individuals, and developing one that begins to affirm the wide diversity of Spanish-speaking cultures calls for dedication and vision. *Las voces del camino* is based on the outstanding initial song collection and translation work accomplished by four members of the First Unitarian Church of San Jose, California: Gaylord E. Smith, Gildardo Suárez Bernal, Rev. Lilia Cuervo, and Ervin Barrios.

Xiomara Di Maio provided invaluable Spanish language and musical counsel, and Roy Attridge gave welcome assistance with musical transcription. UU composers Susan Peck, Daniel Ratelle, and William James Ross provided timely new musical arrangements, and Ervin Barrios made new poetic translations specifically for this book. Melodie Feather's intrepid negotiation of copyright permissions solved problems too numerous to mention, and Gaylord E. Smith skillfully negotiated permissions with authors and poets in South America. Their efforts have enriched this book and will continue to bless those who use it.

Every language transmits the special gifts of the culture that creates it. May every voice that sings the music in *Las voces del camino* discover those gifts and use them to strengthen that blessed community of all souls which we create together with the Spirit of Life.

Ken Herman, Editor
February, 2009

NOSOTROS, LAS CONGREGACIONES MIEMBROS
DE LA ASOCIACIÓN UNITARIA UNIVERSALISTA,
NOS COMPROMETEMOS A AFIRMAR Y A PROMOVER:

El valor y la dignidad inherente de cada persona;
La justicia, la igualdad y la compasión en todas las relaciones humanas;
La aceptación de los unos a los otros y el estímulo al crecimiento espiritual
en nuestras congregaciones;
Una búsqueda libre y responsable de la verdad y el significado
de las cosas;
El derecho a la conciencia y al uso del proceso democrático dentro de
nuestras congregaciones y en la sociedad en general;
La meta de crear una comunidad mundial donde haya paz,
libertad y justicia para todos;
El respeto por la red interdependiente de todo lo que existe y
de lo cual somos parte.

—Extraído de los Estatutos de la
Asociación Unitaria Universalista

Madre Esencia, Padre Esencia 1

Letra y música: Norbert F. Čapek (checo, 1870-1942)
Traducción: © 1999 Gaylord E. Smith (estadounidense, n. 1939)
Armonía: © 1985 David Dawson (inglés, n. 1939)

MÄTI SVETA
8.3.8.3.8.3.

8 "Mother Spirit, Father Spirit" en *Singing the Living Tradition*

¿Adónde voy?

ENGLISH PRÉCIS: "Where Am I Going?" I journey on, unsure of the way. I'm like a river that flows into the sea. It dies, but it rises again. I long to be fruitful and live out the life of abundance and joy God has planted in my soul.

Letra y música: Cesáreo Gabaráin (español, 1936-1991), © 1998 OCP Publications
Armonización: © 2002 Gildardo Suárez Bernal (colombiano, n. 1967)

ADÓNDE VOY
10.10.10.15.

ENGLISH PRÉCIS: "Thanks for Love" We give thanks for the love of heaven, the immense ocean, and the singing of the forest. For this new day, the love of the earth and our friendship, Alleluia!

Letra y música: anónimo
Arreglo: William James Ross (estadounidense, n. 1937),
© 2009 Asociación Unitaria Universalista

ACCIÓN DE GRACIAS
9.8.9.4.

4 Es un don ser sencillo

Letra: Joseph Bracket, Jr. (estadounidense, siglo XVIII)
Traducción: © 2010 Gaylord E. Smith (estadounidense, n. 1939) y
Raquel M. Martínez (estadounidense, n. 1940)
Música: tonada folclórica norteamericana

SIMPLE GIFTS

16 "'Tis a Gift to Be Simple" en *Singing the Living Tradition*

Am Dm7 Gm C Dm B♭
zar fe - liz se - rá un pla-cer. Gi - rar gran de-
F Gm C7 F
lei - te se-rá, y el com - pás del bai - le fe - liz me ha - rá.

5 Oh, Dios de mi alma

Letra: poema atribuido a Dallan Forgaill (irlandés, siglo VIII) SLANE
Traducción: © 1962 Federico J. Pagura (argentino, n. 1923) 10.10.9.10
Música: melodía irlandesa tradicional
Armonía: Carlton R. Young (estadounidense, n. 1926), © 1964, 1992 Abingdon Press

20 "Be Thou My Vision" en *Singing the Living Tradition*

De boca y corazón 6

Letra: Martín Rinkart (alemán, 1586-1649)
Traducción: Federico Fliedner (alemán, 1845-1901)
Música: Johann Crüger (alemán, 1598-1662)

NUN DANKET ALLE GOTT
6.7.6.7.6.6.6.6.

32 "Now Thank We All Our God" en *Singing the Living Tradition*

7 Nombres sin fin

Letra: Brian Wren (inglés, n. 1936), © 1989 Hope Publishing Co.
Traducción: Ervin Barrios (mexicano, n. 1954) y Gaylord E. Smith (estadounidense, n. 1939), © 2009 Hope Publishing Co.
Música: Carlton R. Young (estadounidense, n. 1926) © 1989 Hope Publishing Co.

WESTCHASE
9.10.11.9.

23 "Bring Many Names" en *Singing the Living Tradition*

A♭sus4 A♭ Fm B♭7 E♭ Fm7 E♭/G
rio - sa, vi - vo Dios de a - mor, ¡Sal - ve, Ho -
vi - llas, ju - ga - dor ge - nial, ¡Sal - ve, Ho -
do - na, has - ta con - ci - liar, ¡Sal - ve, Ho -
pre - sas, sa - bio a - len - ta - dor, ¡Sal - ve, Ho -
ti - cia, da su en - te - ro ser, ¡Sal - ve, Ho -
pi - ro, sem - pi - ter - no ho - gar, ¡Sal - ve, Ho -
A♭sus4 A♭
1-5
E♭/G Fm/A♭ B♭sus4 B♭
6
E♭/B♭ B♭7 E♭
sa - na, nom - bres sin fin!
sa - na, Dios ma - ter - nal!
sa - na, Dios pa - ter - nal!
sa - na, An - cia - no Dios!
sa - na, Dios ju - ve - nil!
sa - na, Vi - vo y gran Dios!

8 Jubilosos te adoramos

Letra: 1907 Henry Van Dyke (estadounidense, 1852-1933)
Traducción: Federico J. Pagura (argentino, n. 1923),
© 1996 Abingdon Press
Música: 1824 Ludwig van Beethoven (alemán, 1770-1827)

HYMN TO JOY
8.7.8.7.D.

29 "Joyful, Joyful, We Adore Thee" en *Singing the Living Tradition*

Sé que abrirá esta rosa 9

Letra y música: © 1989 Mary E. Grigolia (estadounidense, n. 1947)
Traducción: © 2010 Ervin Barrios (mexicano, n. 1954)

GRIGOLIA
8.9.9.8.

396 "I Know This Rose Will Open" en *Singing the Living Tradition*

10 Surge la aurora

Letra: Eleanor Farjeon (inglesa, 1881-1965), © 1931 David Higham Associates, Ltd.
Traducción: © 1999 Gaylord E. Smith (estadounidense, n. 1939)
Música: melodía gaélica tradicional
Armonía: David Evans (galés, 1874-1948) de *The Revised Church Hymnary* 1927, © 1931 Oxford University Press

BUNESSAN
5.5.5.4.D.

38 "Morning Has Broken" en *Singing the Living Tradition*

De noche iremos

ENGLISH PRÉCIS: "We Go Through the Night" We go through the night with no moonlight. Only our thirst will guide us to the fountain of life.

Letra: Luis Rosales (español, 1910-1992), © 1986 Les Presses de Taizé
Música: Jacques Berthier (francés, 1923-1994), © 1986 Les Presses de Taizé

DE NOCHE

La tiniebla

ENGLISH PRÉCIS: "Utter Darkness" There is no darkness in your presence. It fills the night with the light of day.

Letra: Comunidad de Taizé, © 1991 Les Presses de Taizé
Música: Jacques Berthier (francés, 1923-1994), © 1991 Les Presses de Taizé

LA TÉNÈBRE

Resucita el mundo ya

Letra: Samuel Longfellow (estadounidense, 1819-1892)
Traducción: © 2002 Gaylord E. Smith (estadounidense, n. 1939)
Música: Lyra Davidica (1708), versión del *Compleat Psalmodist* de John Arnold (1749)

EASTER HYMN
7.7.7.7. con aleluyas

61 "Lo, the Earth Awakes Again" en *Singing the Living Tradition*

De colores

Letra: tradicional
Música: canción folclórica española y mexicana
Arreglo: Alfredo Aníbal Morales (cubano, n. 1927), © 1987 World Library Publications

DE COLORES

305 (con otro arreglo) en *Singing the Living Tradition*

3. Canta el gallo, canta el gallo con el quiri, quiri, quiri, quiri, quiri;
la gallina, la gallina con el cara, cara, cara, cara, cara;
los polluelos, los polluelos con el pío, pío, pío, pío, pí.
Estribillo

15 Por la Tierra sempiterna

Letra y música: Kim Oler (estadounidense, n. 1954),
© 1990, 2003 Helium Music
Traducción: Gaylord E. Smith (estadounidense, n. 1939),
© 2009 Helium Music

BLUE-GREEN HILLS
OF EARTH
8.7.8.8.

163 "For the Earth Forever Turning" en *Singing the Living Tradition*

F9 F G9 Gsus4 C G/C
cie - lo y al - to mar, por la
mu - da ma - jes - tad, por las
ní - a te - rre - nal, por la
zar de ple - ni - tud; hoy can -
F9 F G9 Am6 Am7 C F
vi - da que go - za - mos, can - ta - mos
nu - bes y los as - tros, can - ta - mos
vi - da te a - la - ba - mos con un a -
ta - mos re - gre - san - do a nues - tro pai -
C/G Gsus4 G
1, 2, 3
C
4
C
hoy can - ción de paz.
hoy can - ción de paz.
le - gre ma - dri - gal.
sa - je ver - de a - - - zul.

16 Oh Dios de lo creado

ENGLISH PRÉCIS: "O God of Everything Created" Oh, God of all things that adorn your creation, forgive us when we have failed to care for all you have created. Give us new vision. Help us to put our faith into action, to work for peace and integrity.

Letra: © 1992 Jane Parker Huber (estadounidense, 1926-2008)
Traducción: © 1996 Ana Inés Braulio-Corchado (puertorriqueña, n. 1920); alt. Gaylord E. Smith (estadounidense, n. 1939)
Música: melodia folclórica galesa
Armonía: David Evans (galés, 1874-1948)

LLANGLOFFAN
7.6.7.6.D

B♭/D E♭ Adim D Gm B♭ Adim C/E♭
a - ves al vo - lar. Co - lor y luz a -
há - bi - tat glo - bal. Res - táu - ra - nos tu i -
de - mos sin cui - dar, co - rri - ge nues - tras
paz e in - te - gri - dad. De tu crea - ción hoy
men - tos de tu red, a - so - cia a tus cria -
B♭/D F Cm/E♭ D Gm/B♭ A°7 Gm D
dor - nan la en - te - ra cre - a - ción e in -
ma - gen, re - nue - va la vi - sión, mo -
fal - tas, y en - sé - ña - nos a a - mar. A -
so - mos u - na u - ni - dad vi - tal. Con
tu - ras en nue - va re - la - ción con
Gm Gm/B♭ Adim D Gm Cm B♭/D E♭ Adim D Gm
vi - tan a a - do - rar - te con gran ad - mi - ra - ción.
de - los nue-vos da - nos, de fin, de fe, de ac - ción.
pár - ta - nos, Es - pí - ri - tu, hoy de nues-tro e - rrar.
bos-que, mar y to - do ser nos das a - fi - ni - dad.
llu - via, sol, es - tre - llas, tu en - te - ra cre - a - ción.

17 Más cerca, oh Dios, de ti

Letra: Sarah Flower Adams (inglesa, 1805-1848)
Música: Lowell Mason (estadounidense, 1792-1872)
Traducción: Juan B. Cabrera (español, 1837-1916)

BETHANY
6.4.6.5.6.6.6.4.

87 "Nearer, My God, to Thee" en *Singing the Living Tradition*

Busco calma 18

Letra: Carl G. Seaburg (estadounidense, 1922–1998), basada en un texto unitario de Transilvania, © 1992 Asociación Unitaria Universalista
Traducción: © 2001 Lilia Cuervo (colombiana, n. 1937)
Música: tonada de un himno transilvano
Armonía: Larry Phillips (estadounidense, n. 1948), © 1992 Asociación Unitaria Universalista

SIGISMUND
8.7.8.7.8.7.7.

352 "Find a Stillness" en *Singing the Living Tradition*

19 Cansado del camino

ENGLISH PRÉCIS: "Weary of the Road" Weary and thirsty, I have crossed the desert searching for you. Immerse me in the river of your spirit that I may refresh this parched heart.

Letra y música: Jesús Adrián Romero (mexicano, n. 1962), © 1996 Vastago Producciones
Arreglo: Susan Peck (estadounidense, n. 1960), © 2009 Asociación Unitaria Universalista

SUMÉRGEME

G
G/D
Em
F
Fsus4
F
ve-ces su-frí.
Y aun-que la lu-cha he ga-na - do, mi ar-ma-
Dm7
F
Dm
1
Gsus
G
du-ra he des-gas-ta-do,
ven-go a ti.
Can-
1
2
Gsus
F9
F/G
C/G
C
ven-go a ti.
Su-mér-ge-me
en el rí-o de tu es-
2

Em7
Em
F
Am
última vez a la Coda
pí-ri-tu,
nece-si-to re-fres-car es-te se-co co-ra-zón se-
última vez a la Coda
1
Dm
G7sus4
F9
C/G
2
Dm
Gsus4
dien-to de ti.
Su-mér-ge-me.
dien-to de ti.
1
2
D.S. al Coda
G
Coda
Dm
Gsus4
F9
C/G
Am7
Can-dien-to de ti.
Su-mér-ge-me
D.S. al Coda
Coda

Cansado del camino, pág. 4

Oh tierra, el agua, el fuego y el aire 20

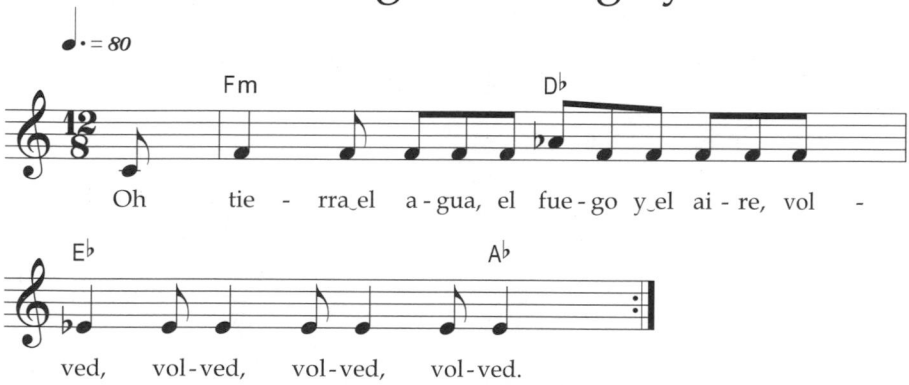

Letra y música: anónimo
Traducción: © 2002 Gaylord E. Smith (estadounidense, n. 1939)

ELEMENTS

387 "The Earth, Water, Fire, Air" en *Singing the Living Tradition*

21 Ven, Espíritu de Amor

ENGLISH PRÉCIS: "Come, Spirit of Love" Spirit of love, descend upon me. Take me; fill me; change me; use me.

Letra y música: Daniel Iverson (estadounidense, 1890-1977), alt., © 1935, 1963 Birdwing Music
Traducción: anónimo

IVERSON
11.11.12.11.

Llama de amor viva

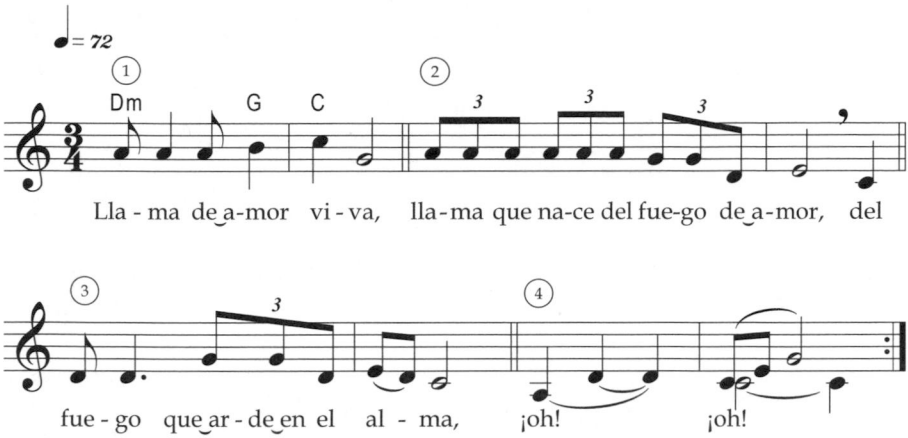

ENGLISH PRÉCIS: "Flame of Living Love" May the flame that is born from the fire of love glow in the soul.

Letra: San Juan de la Cruz (español, 1542-1591)
Música: Comunidad de Taizé, © 1986 Les Presses de Taizé

LLAMA DE AMOR VIVA

23 El alma que anda en amor

ENGLISH PRÉCIS: "The Soul in Love" The soul that is in love never gets weary.

Letra: San Juan de la Cruz (español, 1542-1591)
Música: Comunidad de Taizé, © 1986 Les Presses de Taizé

EL ALMA QUE ANDA

Tengo sed de ti 24

ENGLISH PRÉCIS: "I Thirst for You" I thirst for you, oh fountain of love. Your love is freedom.

Letra: basada en Salmos 103:1, © 1982 Les Presses de Taizé
Música: Jacques Berthier (francés, 1923-1994),
© 1982 Les Presses de Taizé

BLESS THE LORD
5.6.5.6.

25 Sed vuestras propias lámparas

Letra: atribuida a Siddarta Gautama Buda (indio, siglo V a. de J.C.) LUMINA
Traducción: © 1999 Lilia Cuervo (colombiana, n. 1937)
Música: de una tonada en el *Antifonario Sarum*

184 "Be Ye Lamps unto Yourselves" en *Singing the Living Tradition*

En nuestra oscuridad 26

ENGLISH PRÉCIS: "In Our Darkness" Light the flame of your love, Lord, in our darkness.

Letra: Comunidad de Taizé, © 1986 Les Presses de Taizé
Música: Jacques Berthier (francés, 1923-1994), © 1986 Les Presses de Taizé

DANS NOS OBSCURITÉS

27 Romero de América

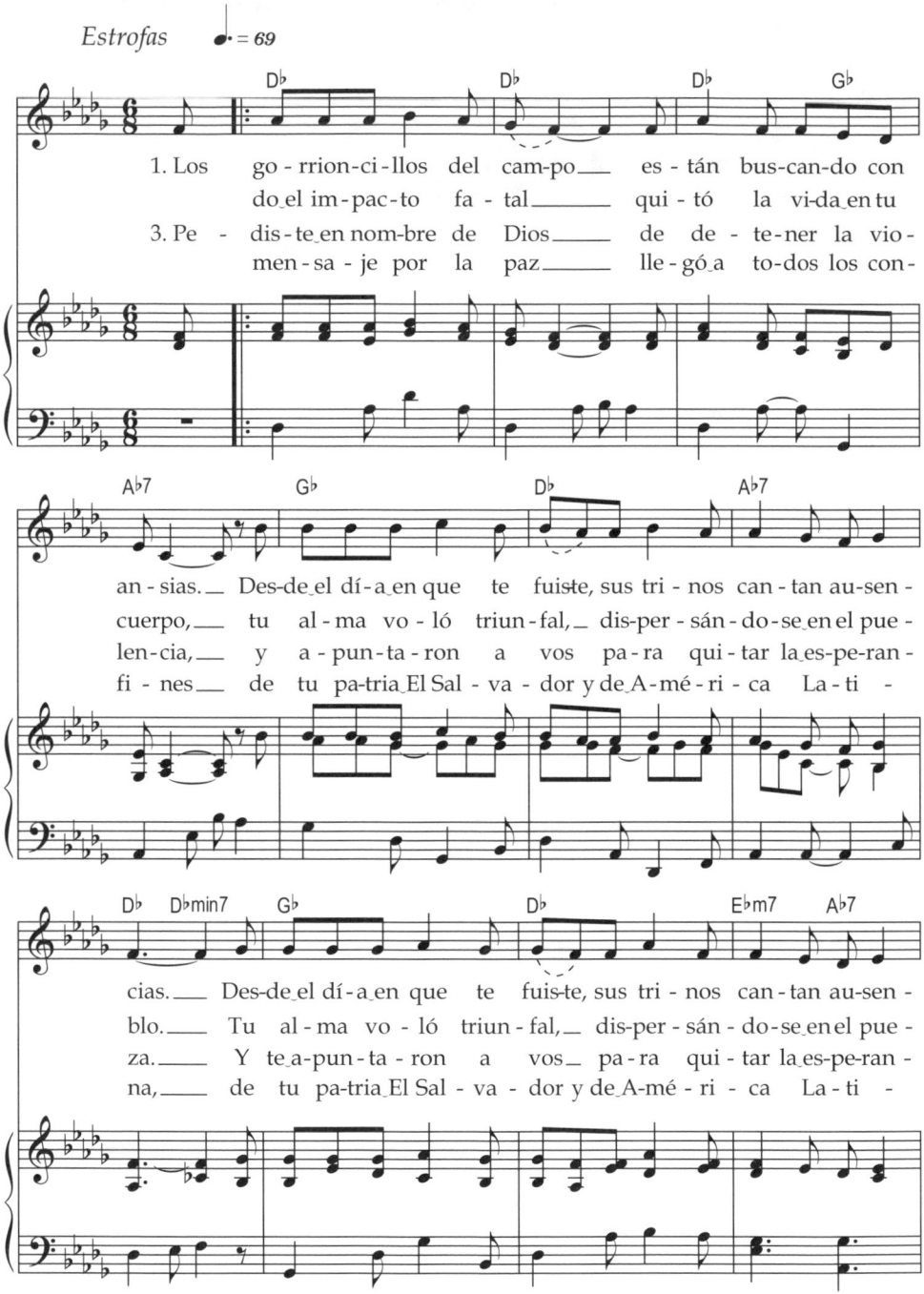

ENGLISH PRÉCIS: "Romero of America" Monsignor Oscar Arnulfo Romero, your example of peace illuminates the poor of El Salvador and all Latin America. They destroyed your life, but your peaceful spirit triumphs.

Letra y música: © 2005 Félix Tello (argentino, n. 1934)
Arreglo: Susan Peck (estadounidense, n. 1960), © 2009 Asociación Unitaria Universalista

1, 3
2, última vez a la Coda
Estribillo
D♭
A♭7/E♭
cias. 2. Cuan
blo.
za. 4. Tu
na.
Te fuis-te, Mon-se - ñor Os-
A♭7
D♭
G♭
D♭/F
E♭m
car Ar-nul-fo Ro-me-ro, pe-ro tu e-jem-plo que-dó i-lu-mi-nan-do a los po-
D♭7
E♭m7
D.C. al Coda
bres. Pe-ro tu e-jem-plo que-dó i-lu-mi-nan-do a los po - bres.

Coda
D♭
A♭7/E♭
A♭7
D♭
G♭
Te fuis-te, Mon-se-ñor Os-car Ar-nul-fo Ro-me-ro, pe-ro tu ejem-plo que-
Coda
D♭
E♭m7
A♭7
D♭
D♭min7
G♭
D♭
dó i-lu-mi-nan-do a los po - bres. Pe-ro tu e-jem-plo que - dó i - lu-mi-
E♭m7
A♭7
D♭
nan - do a los po - - bres.

Vamos todos adelante /Sin volver atrás

28

3. Amaremos con pasión, siempre con pasión, *etc.*
4. Trabajemos para el cambio, siempre para el cambio, *etc.*

ENGLISH PRÉCIS: "Keep On Moving Forward/Never Turning Back" We will always raise our voices in song; we will love with passion; we will always work for change – never turning back.

Letra y música: Pat Humphries (estadounidense, n. 1960),
© 1984 Moving Forward Music
Traducción: © 2002 Ervin Barrios (mexicano, n. 1954)
Arreglo: © 2002 Gildardo Suárez Bernal (colombiano, n. 1967)

KEEP ON MOVING FORWARD/ NEVER TURNING BACK

29 Danos un corazón

Letra y música: © 1972 Juan Antonio Espinosa (español, n. 1940)
Armonía; Samuel Pascoe (mexicano, siglo XX)
Con otro arreglo publicado por OCP Publications, Portland, Oregon, EE.UU.

GENTE NUEVA
11.10.11.11. con estribillo

Danos un corazón, pág. 2
B♭ C F B♭ C
to - ra de nue-va_huma - ni - dad, gen-te nue-va que vi - ve la_e-xis-
nan-tes se-dien - tes de ver - dad, gen-te nue-va sin fre-nos ni ca-
ci - ma de ra - zas y lu - gar, gen-te nue-va al la - do de los
D m/A A/G D m/F D m G m Asus
D.C. al Coda
ten - cia co - mo ries - go de_un lar - go ca - mi - nar.
de - nas, gen - te li - bre que_e-xi - ge li - ber - tad.
po - bres com-par - tien-do con e - llos te - cho_y pan.

Danos un corazón

ENGLISH PRÉCIS: "Give Us a Strong Heart" Give us a heart strong enough to love and fight for the freedom of all peoples – for those struggling in search of the truth. Renew us to embrace all humanity, breaking down all barriers.

Letra y música: © 1972, 1999 Juan Antonio Espinosa (español, n. 1940)
Arreglo: William James Ross (estadounidense, n. 1937), © 2009 Asociación Unitaria Universalista

PUEBLOS NUEVOS
11.10.11.11. con estribillo

A♭M7
G m/B♭
F m7/A♭
E♭G m7(♭5)/D♭
C 7/F m7
B♭
B♭7
to - res de nue-va hu-ma-ni - dad. Pue-blos nuevos, que vi-ven la e-xis-
nan-tes, se-dien - tos de ver-dad. Pue-blos nuevos, sin fre-nos ni ca-
ci - ma de ra - zas y lu - gar. Pue-blos nuevos, al la-do de los
D.C. al Fine
G/B
C m/D
F
C m
F m7/A♭A♭M7
G sus4
G
ten - cia co - mo ries-go de un lar-go ca - mi - nar.
de - nas, pue-blos li-bres que e-xi-gen li - ber - tad.
po - bres, com-par - tien-do con e-llos te-cho y pan.

31 Fuente de Amor

Unísono ♩= 56

Letra y música: © 1981 Carolyn McDade (estadounidense, n. 1935)
Traducción: © 1999 Ervin Barrios (mexicano, n. 1954)
Armonía: Grace Lewis-McLaren (estadounidense, n. 1939),
© 1992 Asociación Unitaria Universalista

SPIRIT OF LIFE
8.12.8.12.8.10.

123 "Spirit of Life" en *Singing the Living Tradition*

Sólo le pido a Dios

ENGLISH PRÉCIS: "I Only Ask God" I only ask God that I not be indifferent to pain, deception, injustice, the future, or war – which is a monster that destroys innocence. I also ask that death not find me without having done enough.

Letra y música: © 1978 León Gieco (argentino, n. 1951)
Arreglo: © 2005 Gaylord E. Smith (estadounidense, n. 1939)
y Gildardo Suárez Bernal (colombiano, n. 1967)

F♯m D/F♯ G/B D.C. tras estrofas 1 y 3 D G/D GM7
cho lo su - fi - cien - te.
ra - ñó es - ta suer - te.
den fá - cil - men - te.
ra di - fe - ren - te.
Estribillo
tras estrofas 2 y 4
Só - lo le pi - do a
D G G7/D F♯m7 Em7
Dios que la gue - rra no me se - a in - di - fe - ren -
Em9 Em F♯m F♯m7 D D/E
te, es un mons - truo gran - de y pi - sa

Asus4
A
1
Em
F♯m7
B
fuer - te
to - da la po - bre i - no - cen - cia de la gen -
2
Em7
F♯m
Bm
D.C.
te.
la po - bre i - no - cen - cia de la gen - te.

33 El amor nunca pasará

ENGLISH PRÉCIS: "Love Will Never End" Love will never end. Love is patient and kind, not envious or boastful. Love always forgives. It bears all things, hopes all things, endures all. (Based on I Cor. 13:4–7.)

Letra y música: © 1997 Eleazar Cortés (mexicano, n. 1947)
Arreglo: Susan Peck (estadounidense, n. 1960),
© 2009 Asociación Unitarian Universalista

Estrofas
Bm7 E7 Am E E7 F Am
1. El a - mor es com - pren - si - vo, es ser - vi - cial,
2. No ac - tú - a con ba - je - za o pre-ten - sión.
3. El a - mor per - do - na siem-pre, sin un ren - cor.
4. El a - mor so - por - ta to - do, to - do lo cree,
Dsus4 D C/G G/D Am7 D7 G
D.C. al Fine
no tie-ne_en - vi - dia, ni bus - ca_el mal.
No_hay a - pa - rien - cias, ni_hay pro - pio in - te - rés.
De to - da_o - fen - sa se_ol - vi - da - rá.
to - do lo_es - pe - ra y_es siem - pre fiel.
D.C. al Fine

Libertad

ENGLISH PRÉCIS: "Liberty" Liberty is more than waking up unchained. It is living in harmony with our neighbors, deciding together, working together for the freedom of all.

Letra y música: Campamento de Jóvenes Metodistas, Ing. Maschwitz, Buenos Aires
Arreglo: © 2005 Gildardo Suárez Bernal (colombiano, n. 1967)

LIBERTAD

Dm
G
C
Em7
par - te: es al-go más. Li-ber - tad es con-vi - vir, de-ci-
Fm
G
Em
Am
dir, e-le - gir. Li-ber - tad es a - mar, com-pren-
F
Dm
G7
C
der y lu - char pa - ra que to - dos ten-gan li - ber - tad.

35 Hazme un instrumento de tu paz

ENGLISH PRÉCIS: "Make Me an Instrument of Your Peace" Make me an instrument of your peace: that where there is hatred, I may bring love; where there is injury, your forgiveness, and where there is doubt, faith in you. Master, teach me not to seek consolation, but rather to console; to understand rather than be understood; and to love rather than seek to be loved.

Letra: San Francisco de Asís (italiano, c. 1182-1226) SAN FRANCISCO
Traducción: anónimo, alt.
Música: Sebastian Temple (sudafricano, 1929-1997), © 1981 OCP Publications
Arreglo: William James Ross (estadounidense, n. 1937), © 2009 Asociación Unitaria Universalista

Asus4
D/A
A7
1
D
2, 4
D
Fine
don - de ha - ya du - da, fe en ti.
go - zo, don-de hay pe-na y a - flic - - - - ción. 3. Ma -
rien-do es que vol - ve-mos a na - - - - cer.
G
D
D
es-tro, en-sé-ña - me a no bus - car que -
Em7/B
Em7
A7
D
C/E
D7/F♯
rer ser con - so - la - do, si - no con - so - lar; ser
G
D
D
B7/D♯
com-pren-di - do, si - no com-pren - der; ser a -
E
E7
A/E
E7
A
G/A
A
D.C. al Fine
ma - do, si - no a - mar.

36 Cantando por nuestras vidas

Letra y música: Holly Near (estadounidense, n. 1944),
© 1979 Hereford Music
Traducción: © 2004 Gaylord E. Smith (estadounidense, n. 1939)
Arreglo: Patrick L. Rickey (estadounidense, n. 1964),
© 1992 Asociación Unitaria Universalista

SINGING FOR OUR LIVES
9.5.5..D.

170 "We Are a Gentle, Angry People" en *Singing the Living Tradition*

F9 F9/E B♭/D F/A B♭9 Gm9
So - mos hu - mil - de pue - blo ai - ra - do, a - sí can -
So - mos un pue - blo de jus - ti - cia, a - sí can -
So - mos jó - ve - nes y an - cia - nos, a - sí can -
So - mos de to - dos los co - lo - res, a - sí can -
So - mos gays y a - lia - dos jun - tos, a - sí can -
So - mos hu - mil - de pue - blo a - man - te, a - sí can -
Gm Gm7 Csus4 F9 F
ta - mos y he - mos de vi - vir.
ta - mos y he - mos de vi - vir.
ta - mos y he - mos de vi - vir.
ta - mos y he - mos de vi - vir.
ta - mos y he - mos de vi - vir.
ta - mos y he - mos de vi - vir.

37 Ven, ven, cual eres, ven

Letra: Yalal aDín Muhammad Rumí (persa, 1207-1273)
Música: © 1989 Lynn Adair Ungar (estadounidense, n. 1963)
Traducción: © 1999 Ervin Barrios (mexicano, n. 1954)

PILGRIMAGE

188 "Come, Come, Whoever You Are" en *Singing the Living Tradition*

Somos el niño 38

ENGLISH PRÉCIS: "We Are the Child" We are the child, we are the mother; we are the breast that feeds and quenches the thirst. We are the temple and the people, the voice that calls to serve. We are the strength of hands that sustain.

Letra y música: © 1999 Mary E. Grigolia (estadounidense, n. 1947)
Traducción: © 2001 Ervin Barrios (mexicano, n. 1954), Lilia Cuervo (colombiana, n. 1937) y Gaylord E. Smith (estadounidense, n. 1939)
Arreglo: William James Ross (estadounidense, n. 1937), © 2009 Asociación Unitaria Universalista

BREATHING HERE IN YOU
5.5.5.8.D con estribillo

E♭
A♭
ta - llo, so - mos los pé - ta-los,
go - zo, tu ma - ra - vi - lla,
so - mos que la - te_y se_a - bre,
B♭
so - mos vi - sión que te_en -
so - mos la luz que te
so - mos a - quél que per -
B♭/D
E♭
la - za con es - te ro - sal.
guí - a_en de - lei - te_o do - lor.
do - na_y que sa - be sa - nar.
Estribillo
A♭
B♭
So - mos la fuer - za de ma - nos que te sos -

E♭
A♭
B♭
tie-nen.
So-mos en tu al - ma las an - sias de a-
E♭/G
E♭
A♭
mor.
So-mos del vien - to la
B♭
G/B
F/A
G7/B
C m
C7/E
voz del e - ter - no re - na-cer.
So-mos pa-
F m
C m
B♭
B♭7/D
E♭
sa - do y por-ve - nir res-pi - ran - do en ti.

39 Amar es entregarse

ENGLISH PRÉCIS: "To Love Is to Surrender" Loving is forgetting the self and seeking happiness for the other. How beautiful it is to live in order to love, to have in order to give.

Letra y música: canción tradicional de México
Arreglo: © 2005 Gildardo Suárez Bernal (colombiano, n. 1967)

AMAR ES ENTREGARSE

Estribillo
F/A
C7
F
¡Qué lin - do es vi - vir pa - ra a - mar! ¡Qué
C7
F
gran - de es te - ner pa - ra dar! Dar a - le -
B♭
C7
F
D7
Gm
grí - a, fe - li - ci - dad, dar-se u - no mis - mo,
1
C7
F
2
C7
F
F/C
F
e - so es a - mar. e - so es a - mar.

Pequeña voz

Letra y música: © 1987 John Corrado (estadounidense, n. 1940)
Traducción: © 2010 Raquel M. Martínez (estadounidense, n. 1940)

VOICE STILL AND SMALL

391 "Voice Still and Small" en *Singing the Living Tradition*

Preciosa gracia

Letra: John Newton (inglés, 1725-1807)
Traducción: © 2009 Ervin Barrios (mexicano, n. 1954)
Música: tonada estadounidense anónima del siglo XIX
Armonía: Austin Cole Lovelace (estadounidense, n. 1919),
© 1964, 1992 Abingdon Press

AMAZING GRACE
8.6.8.6.

205 "Amazing Grace" en *Singing the Living Tradition*

42 Shalom

Letra y música: canon hebreo tradicional SHALOM
Versión en español: anónimo (El verdadero sentido del hebreo es: "Paz, amigos, hasta que nos veamos otra vez".)

400 "Shalom Havayreem" en *Singing the Living Tradition*

43 De ti yo recibo

Letra y música: © Nathan Segal 1969, 2008 (estadounidense, n. 1948) RABBI
Traducción: © 1999 Lilia Cuervo (colombiana, n. 1937)

402 "From You I Receive" en *Singing the Living Tradition*

Campana sobre campana 44

ENGLISH PRÉCIS: "Bell after Bell" Look through the window, where you will see the infant in his cradle. The angels sound the bells of Bethlehem: What news do they bring?

Letra y música: villancico andaluz tradicional
Arreglo: Daniel Ratelle (estadounidense, n. 1950),
© 2009 Asociación Unitaria Universalista

CAMPANAS DE BELÉN

F B♭ F C9 C7 F B♭/F C7 F
lén, que los án-ge-les to - can: "¿Qué nue-va me tra - éis?"

Estrofas

F G♯3
Re - co - gi - do tu re - ba - ño, ¿a - dón - de vas
Ca - mi-nan - do a me - dia-no - che, ¿dón - de ca - mi-

C7 F F/C F/A
pas - tor - ci - to? "Voy a lle - var al por-tal
nas, pas-tor? "Le lle-vo al Ni - ño que na - ce

F G♯3 C7 F Estribillo B♭ C9
re - que - són, man - te - ca y vi - no." Be - lén, cam-pa-nas de Be-
co - mo a dios mi co - ra - zón."
F B♭ C9 F C7/G F
lén, que los án-ge-les to - can: "¿Qué nue-vas me tra - éis?"

45 Decoremos los salones

Letra y música: villancico tradicional galés YULE
Traducción: © 2000 Gaylord E. Smith (estadounidense, n. 1939)

235 "Deck the Hall with Boughs of Holly" en *Singing the Living Tradition*

E♭ B♭ E♭ Gm Cm7 B♭ F7 B♭ E♭ B♭7
hoy ves-ti-mos, Y en-to-na-mos
can-te el co-ro, fa la la la la la, la la la. Se o-ye el cuen-to
dis-fru-ta-mos, Al can-tar sin
Cm B♭ E♭ A♭ E♭ Fm E♭ B♭7 E♭
vi-llan-ci-cos,
del te-so-ro, fa la la la la, la la la la.
más cui-da-dos,

46 Oh ven, oh ven, Emanuel

Letra: antífonas latinas del siglo IX
Traducción: © 1962 Federico J. Pagura (argentino, n. 1923)
Música: canto llano del siglo XV, adaptado por Thomas Helmore (inglés, 1811-1890)

VENI EMMANUEL
8.8.8.8.8.8.

225 "O Come, O Come, Emmanuel" en *Singing the Living Tradition* (con otro arreglo)

Em D Bm G Am7 G/B D7 G D Em Bm G
Estribillo
y es - pe-ra su li - be - ra - ción.
en ti lo que po - de - mos ser. Ven - drá, ven - drá E -
y rei-ne so-be - ra - no Dios.
Am G D Em D G C G Am/C Em Bm Em
ma - nu - el, ¡a - lé - gra - te, oh Is - ra - el!

47 Las posadas

Afuera 5. Posada te pide, amado casero,
por sólo una noche la reina del cielo

Adentro 6. Pues si es una reina quien lo solicita,
¿cómo es que de noche anda tan solita?

Afuera 7. Mi esposa es María, es reina del cielo,
y madre va a ser del Divino Verbo.

Adentro 8. ¿Eres tú José? ¿Tu esposa es María?
Entren peregrinos, no los conocía.

ENGLISH PRÉCIS: "Room at the Inn" In the name of Heaven, I ask you for lodging, for my beloved wife cannot keep walking. Maria is the Queen of Heaven and will be the mother of the Divine Word. Are you Joseph, and is this Maria? Then enter, pilgrims, I did not recognize you.

Letra y música: canción mexicana tradicional
Arreglo: © 2001 Raquel M. Martínez (estadounidense, n. 1940)

LAS POSADAS

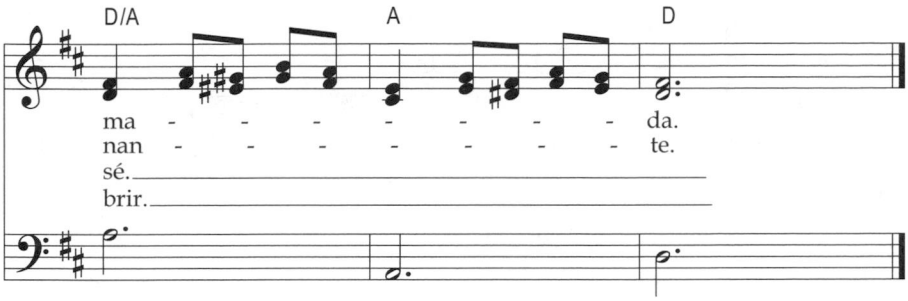

Entren, santos peregrinos 48

ENGLISH PRÉCIS: "Come, Holy Pilgrims" Holy pilgrims, receive the shelter, not of this poor house, but of my own heart.

Letra y música: canción mexicana tradicional
Arreglo: Robert E. Kreutz (estadounidense, 1922-1996), © 1990 OCP Publications

ENTREN, SANTOS PEREGRINOS
12.7.8.7.

49 Dichosa tierra, proclamad

Letra: Isaac Watts (inglés, 1674-1748)
Traducción: Speros D. Athans (griego, 1883-1969), alt.,
© 1961 Word Music, LLC
Música: George Friedrich Handel (alemán, 1685-1759)
Arreglo: Lowell Mason (estadounidense, 1792-1872)

ANTIOCH
8.6.8.6.6.8

245 "Joy to the World!" en *Singing the Living Tradition*

A
A7
luz a re - ci - bir su luz a
mar, en cie - lo, tie - rra y mar, en
mor, paz, go - zo y san - to a - mor, paz,
re - ci - bir su luz, a re - ci - bir su
cie - lo tie - rra y mar, en cie - lo, tie - rra y
go - zo y san - to a - mor, paz, go - zo y san - to a -
D
Em/G
D/A
A7
D
re - ci - bir su e - ter - na luz.
cie - lo, tie - rra y vas - to mar.
ple - no go - zo y san - to a - mor.
luz,
mar,
mor,

50 Oh, pueblecito de Belén

Letra: Phillips Brooks (estadounidense, 1835-1893)
Traducción: 1927, Effie Chastain de Naylor (estadounidense, siglo XX) con partes de las estrofas 2 y 3 de la traducción de Tomás M. Westrup (mexicano, 1837-1909)
Música: Lewis H. Redner (estadounidense, 1830-1908)

ST. LOUIS
8.6.8.6.7.6.8.6.

246 "O Little Town of Bethlehem" en *Singing the Living Tradition*

F E G♯dim A
dad; mas en tus quie - tas ca - lles hoy
fal. ¡El san - to na - ci - mien - to, es -
zón. Nin - gún o - í - do_a - ca - so per -
Dm Gm/B♭ A F
sur - ge_e - ter - na luz, y la pro - me - sa
tre - llas, pro - cla - mad, pues hoy el cie - lo
ci - ba su ve - nir, mas el de_hu - mil - de
D7/B♭ Gm/B♭ B♭ F/C G/D F/C C7 F
de sa - lud se cum - ple ya_en Je - sús.
nos mos - tró su bue - na vo - lun - tad!
co - ra - zón le_ha - brá de re - ci - bir.

51 Los zagales y zagalas

ENGLISH PRÉCIS: "The Shepherds" Let us go and see the child, joyfully bringing our whistles and drums. Dear child, why do you weep? Come into my soul; I will sing for you. Everyone is bringing a gift, but I am poor, so I shall give him my heart.

Letra y música: villancico colombiano tradicional
Arreglo: Susan Peck (estadounidense, n. 1960),
© 2009 Asociación Unitaria Universalista

2. Yo soy un pobre gitano que vengo de Egipto aquí,
   y al Niño Jesús le traigo un gallo quiquiriquí,
   y al Niño Jesús le traigo un gallo quiquiriquí.

3. Al Niño recién nacido todos le traen un don.
   Yo soy pobre y nada tengo, le traigo el corazón.
   Yo soy pobre y nada tengo, le traigo el corazón.

¡Ay del chiquirritín!

ENGLISH PRÉCIS: "Ah, the Little One" The little one, tucked in the straw, the dearly loved. Beneath the arch of the little porch, Mary, Joseph, and the blessed child are found.

Letra y música: villancico andaluz tradicional
Arreglo: William James Ross (estadounidense, n. 1937),
© 2009 Asociación Unitaria Universalista

CHIQUIRRITÍN

Estrofas
G
D7
G/B
1. Por de - ba - jo del ar - - - - co
2. En - tre_un buey y_u - na mu - - - - la
Em7
Am
D7
F
D
Amin
del por - ta - li - ño, se des - cu-bre_a Ma -
Cris-to_ha na - ci - do y_en un po - bre pe -
D
D7
G
D.C. al Fine
rí - a, Jo - sé, y_el Ni - - - - ño.
se - bre lo_han re - co - gi - - - - do.

El rorro

ENGLISH PRÉCIS: "Hush, Little Baby" Go to sleep, my little Jesus. From the elephant to the tiny mosquito, do not make the slightest noise. Oh, holy night, joyous night! Blessed be the holy Mother. Angel choirs, in heavenly accents, sing of this blessed birth.

Letra y música: villancico mexicano tradicional
Arreglo: Daniel Ratelle (estadounidense, n. 1950),
© 2009 Asociación Unitaria Universalista

EL RORRO

Noche de paz 54

Letra: Joseph Mohr (austríaco, 1792-1848)
Traducción: Federico Fliedner (alemán, 1845-1901), alt.
Música: Franz X. Gruber (austríaco, 1787-1863)

STILLE NACHT
8.7.10.10.7.7.

251 "Silent Night, Holy Night" en *Singing the Living Tradition*

55 Vamos, pastores, vamos

ENGLISH PRÉCIS: "Shepherds, On to Bethlehem" Let us go to Bethlehem to see the child, the glory of Eden, whose beauty will never be captured by pencil or brush. I ask but one great gift: that in the eternal dwelling I will find myself close to him.

Letra y música: Eduardo Ciria (español, siglo XVI), alt.
Arreglo: William James Ross (estadounidense, n. 1937),
© 2009 Asociación Unitaria Universalista

VAMOS PASTORES
VAMOS
7.6.7.6.D.6

C CM7 G B7 E/G♯ Am
sus o - ji - tos me_en - can - tan, su bo - qui - ta tam - bién.
y so-bre du - ras pa - jas por nues-tro_a-mor es - tá.
que su be-lle - za co - pien el lá - piz ni_el pin - cel.
A♭dim/B A♭aug Am F B7/D♯ B7
El pa-dre lo_a - ca - ri - cia, la ma - dre mi - ra_en
A - llí duer-me_el ni - ñi - to, ca - be_un mu - lo_y un
Le di - ré me con - ce - da u - na_in-men-sa mer -
E m F♯dim/A G dim/A♯ E m7/B C F♯7/F♯ G/D
él, Y los dos ex - ta - sia - dos con-tem-plan a-quel
buey, y bien co - bi - ja - di - to, con un blan-co pa -
ced: que_en la man-sión e - ter - na me_en-cuen-tre jun-to_a
A♯dim/C♯ A m F♯7 F♯aug B sus4 CM7/B B7
D.C. al Fine
ser, con - tem-plan a - quel ser.
ñal, con un blan-co pa - ñal.
él me_encuen-tre jun - to_a él.

56 A medianoche se escuchó

Letra: Edmund Hamilton Sears (estadounidense, 1810-1876)
Traducción: © 2009 Ervin Barrios (mexicano, n. 1954)
Música: Richard Storrs Willis (estadounidense, 1819-1900)

CAROL
8.6.8.6.D.

244 "It Came upon the Midnight Clear" en *Singing the Living Tradition*

D D/C Gm/B♭ D Gm
en la tie - rra a to - dos hoy y
a - las ba - ten sin des - can - sar por
no po - de - mos es - cu - char el
con los a - ños al pa - sar su_an -
F/A C7 F F7 B♭ B♭aug E♭/B♭
bue - na vo - lun - tad" y_ab - sor - to_el mun-do
so - bre_el do - lor te - rre - nal, y can - tan so - bre la
can - to del a - mor. Las gue - rras pa - ren pa -
ti - guo_es-plen - dor bri - lla - rá, y_el mun - do_en-te - ro ha
B♭ F7/A B♭ E♭ Cm F7 B♭
es - cu-chó el can - to_an - ge - li - cal.
con - fu-sión el can - to_an - ge - li - cal.
ra_es - cu-char el can - to_an - ge - li - cal.
de can-tar el can - to_an - ge - li - cal.

57 Del Oriente somos los tres

Letra y música: John Henry Hopkins, Jr. (estadounidense, 1820-1891) KINGS OF ORIENT
Traducción: Effie Chastain de Naylor (estadounidense, 1899-1983)

259 "We Three Kings of Orient Are" en *Singing the Living Tradition*

Estribillo

D D7 G Em C G
¡Oh, as - tro de su - bli - me ar - dor,
Em C G Em D
de di - vi - no res - plan - dor! Nun - cio be - llo,
C G Dsus4 D7 G G/B C G
tus des - te - llos nos guia - rán con su ful - gor.

58 Jesucristo asciende hoy

Letra: Charles Wesley (inglés, 1707-1788), alt.
Música: anónimo, Lyra Davidica (1708)
Traducción: © 2002 Gaylord E. Smith (estadounidense, n. 1939)

EASTER HYMN
7.7.7.7. con aleluyas

268 "Jesus Christ Is Risen Today" en *Singing the Living Tradition*

C/E G/D C G D G D G
pli - ca - rá,
pi - de quién?
li - bra - rá,
a as - cen - der,
¡A - - - le - lu - ya!
C F C
Su - ba el go - zo te - rre - nal,
Cris - to o - fre - ce un nue - vo E - dén,
¡Oh, Se - pul - cro, ro - to es - tás!
Nues - tro el pa - ra - í - so es.
F C/G G C
¡A - - - - - le - lu - - ya!

59 El botón es flor mañana

ENGLISH PRÉCIS: "The Bud Is Tomorrow's Flower" In the bulb there is a flower, in the seed an apple tree, a song in every silence, a dawn in every darkness. In our present and in our future, there are mysteries that God alone can see.

Letra y música: Natalie Sleeth (estadounidense, 1930-1992),
© 1986 Hope Publishing Co.
Traducción: Oscar L. Rodríguez (siglo XX), © 1987 Hope Publishing Co.

PROMISE
8.7.8.7.D

Nos hemos reunido 60

Letra: Dorothy Caiger Senghas (estadounidense, 1930-2002) y Robert E. Senghas (estadounidense, n. 1928), © 1992 Asociación Unitaria Universalista

KREMSER
12.11.13.12.

Traducción: © 2000 Gaylord E. Smith (estadounidense, n. 1939)

Música: tonada folclórica holandesa del *Nederlandtsch Gedenckclanck* (1626) de Adrián Valerius

Arreglo: Edward Kremser (austríaco, 1838-1914)

349 "We Gather Together" en *Singing the Living Tradition*

61 Las mañanitas

ENGLISH PRÉCIS: "Serenade" Today we celebrate your birthday with song. Wake up, my lovely; the birds are singing. What a beautiful morning when I come to greet you. The day you were born, all the flowers bloomed, and at your baptism, the nightingales sang.

Letra y música: canción mexicana tradicional
Arreglo: © 2005 Gildardo Suárez Bernal (colombiano, n. 1967)

G D7 Am
sa - lu - dar - te; ve - ni - mos to - dos con
das las flo - res. Y en la pi - la del bau -
D7 Am D7 D7/A G
gus - to y pla - cer a fe - li - ci - tar - te.
tis - mo can - ta - ron los rui - se - ño - res.
D7 Am C
Ya vie - ne a - ma - ne - cien - do, ya la luz del
G D7 G
día nos dio. Le - ván - ta - te de ma -
D7 G
ña - na, mi - ra que ya a - ma - ne - ció.

62 No rompas este círculo

Letra: Fred Kaan (holandés, n. 1929), © 1975 Hope Publishing Co.
Traducción: Gaylord E. Smith (estadounidense, n. 1939),
© 2009 Hope Publishing Co.
Música: Thomas Benjamin (estadounidense, n. 1940),
© 1992 Asociación Unitaria Universalista

YADDO
10.11.10.11.

323 "Break Not the Circle" en *Singing the Living Tradition*

Alabadle (Haleluhu) 63

Letra y música: canto hebreo tradicional basado en Salmos 150: 5-6.
Adaptación al español: © 2002 Gaylord E. Smith (estadounidense, n. 1939)
Arreglo: Mark Slegers (estadounidense, n. 1948),
© 1993 Asociación Unitaria Universalista

HALELUHU
Irregular

280 "Haleluhu" en *Singing the Living Tradition*

Vienen con alegría

ENGLISH PRÉCIS: "They Come With Joy" They come with joy, Lord, those who journey through life spreading your peace and love. They bring hope to the tired, discouraged community, working to make this world a better place to live in peace with one another.

Letra y música: © 1979 Cesáreo Gabaráin (español, 1936-1991)
Arreglo: © 2005 Gildardo Suárez Bernal (colombiano, n. 1967)

VIENEN CON ALEGRÍA
9.9.10.9. con estribillo

Estrofas

F
C7
1. Vie - nen tra - yen - do la es - pe - ran - - - za a un
2. Vie - nen tra - yen-do en - tre sus ma - - nos es -
3. Cuan-do el o - dio y la vio - len - - - cia a -
F
mun-do car - ga - do de an-sie - dad, a un
fuer - zos de her - ma - nos por la paz, de -
ni - dan en nues-tro co - ra - zón, el
C7
mun-do que bus-ca y que no al - can - - za ca -
se - os de un mun-do más hu - ma - - no que
mun-do sa - brá que por he - ren - - cia le a -
D.C.
al Fine
F
mi - nos de a - mor y de a-mis - tad.
na - cen del bien y la ver - dad.
guar-dan tris - te - zas y do - lor.

65 Ven, ven, alégrate hoy

4. No tengas miedo a cambiar, *etc.*
5. Ven, ven, alégrate hoy, *etc.*

Letra y música: Louise Ruspini (siglo xx) REJOICE
Traducción: © 1999 Lilia Cuervo (colombiana, n. 1937) 7.7.8.7.
Arreglo: Betty A. Wylder (estadounidense, 1923-1994),
© 1992 Asociación Unitaria Universalista

361 "Enter, Rejoice, and Come In" en *Singing the Living Tradition*

Que recibamos esta luz 66

ENGLISH PRÉCIS: "May We Be Open to This Light" May we be open to this light and the beauty of the rich landscape it offers us.

Letra: Charles A. Howe (estadounidense, n. 1922)
Traducción: © 2002 Gaylord E. Smith (estadounidense, n. 1939)
Música: Thomas Benjamin (estadounidense, n. 1940)

MAY WE BE OPEN TO THIS LIGHT

67 Brille tu luz

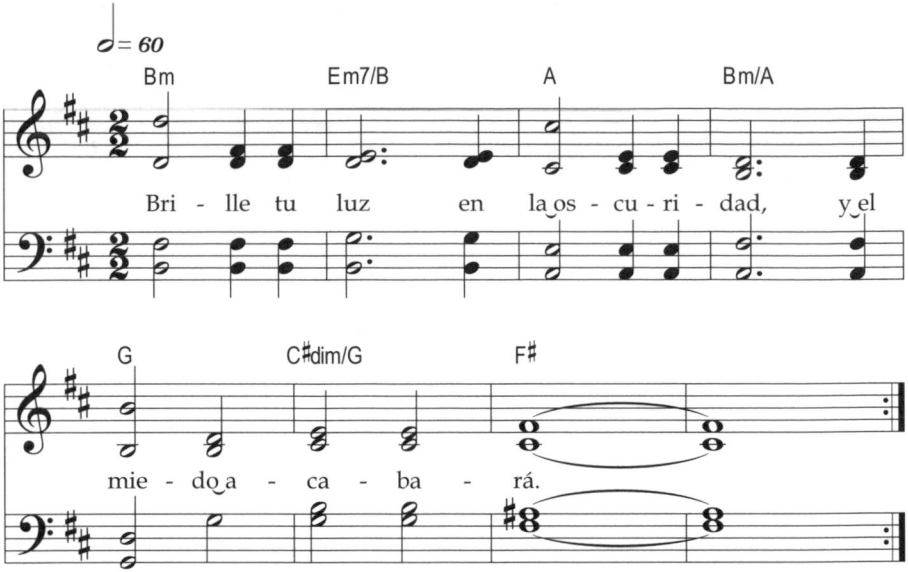

ENGLISH PRÉCIS: "Shine Your Light" Illuminate the darkness and fear will go away.

Letra y música: John L. Bell (escocés, n. 1949),
© 1987, 2008 Comunidad de Iona
Traducción: © 1987, 2008 Comunidad de Iona

KINDLE A FLAME

Mi pequeñita luz

Letra y música: canción espiritual afroamericana (c. 1750-1875) LATTIMER
Traducción: © 2010 Raquel M. Martínez (estadounidense, n. 1940)
Armonía: Horace Clarence Boyer (estadounidense, n. 1935)

118 "This Little Light of Mine" en *Singing the Living Tradition*

69 Cantemos ¡sí!

2. Canta al poder de la religión…
3. Canta al poder de la caridad…
4. Canta al poder del espíritu…

Letra y música: anónimo
Traducción: © 1999 Lilia Cuervo (colombiana, n. 1937)

ROBESON

368 "Now Let Us Sing" en *Singing the Living Tradition*

De todos bajo el gran sol 70

Letra: Isaac Watts (inglés, 1674-1748), alt.
Traducción: anónimo
Música: Salterio de Ginebra (1551)

OLD HUNDREDTH
8.8.8.8.

381 (Letra) "From All That Dwell" en *Singing the Living Tradition*

71 Unidos en el misterio

Letra y música: © 1991 Philip A. Porter (estadounidense, n. 1953)
Traducción: © 2000 Gaylord E. Smith (estadounidense, n. 1939)

GATHERING CHANT

389 "Gathered Here" en *Singing the Living Tradition*

Danos paz

Letra en latín: canon tradicional

DONA NOBIS PACEM

Letra en español: © 1989 Federico J. Pagura (argentino, n. 1923)

Música: melodía alemana del siglo XVII

388 "Dona Nobis Pacem" en *Singing the Living Tradition*

73 Vayan en paz

Letra y música: Natalie Sleeth (estadounidense, 1930-1992), GO IN PEACE
© 1976 Hinshaw Music, Inc.
Traducción: © 1999 Ervin Barrios (mexicano, n. 1954)

413 "Go Now in Peace" en *Singing the Living Tradition*

Día ya es

74

Letra y música: canon tradicional
Traducción: © 2001 Gaylord E. Smith (estadounidense, n. 1939)

MOORE
4.4.4.5.

397 "Morning Has Come" en *Singing the Living Tradition*

75 De rodillas partamos hoy el pan

Letra y música: canción espiritual de los norteamericanos negros
Traducción: © 1962 Federico J. Pagura (argentino, n. 1923)

LET US BREAK BREAD
10.10 con estribillo

406 "Let Us Break Bread Together" en *Singing the Living Tradition*

Lleva la llama 76

ENGLISH PRÉCIS: "Carry the Flame" Carry the flame of peace and love, and we will see each other again.

Letra y música: © 1979 Patricia Pavey (canadiense, n. 1945)
Traducción: © 2002 Gaylord E. Smith (estadounidense, n. 1939)
Arreglo: © 1990 Harold Brown (canadiense, n. 1917)

CARRY THE FLAME

Tres lecturas

77

Afirmación

El amor es la doctrina de esta iglesia,
la búsqueda de la verdad es su sacramento
y el servicio es su oración.
Habitar juntos en paz,
buscar la verdad con libertad,
servir a la humanidad juntos,
con el fin de que todas las almas
puedan crecer en armonía con lo divino
—esto es lo que pactamos entre nosotros.

L. Griswold Williams (estadounidense, 1893–1942), alt.
Traducción: © 2002 Ervin Barrios (mexicano, n. 1954)
#471 en *Singing the Living Tradition*

78

Encendido del cáliz

Que esta luz que ahora encendemos
nos inspire a usar nuestros dones y poderes
para sanar y no para herir,
para ayudar y no para impedir,
para bendecir y no para maldecir,
para servirte a ti, Espíritu de amor, compasión y perdón.

Hagadá de la Pascua judía, alt.
Traducción: © 2002 Lilia Cuervo (colombiana, n. 1937)
#453 en *Singing the Living Tradition*

79

Extinción del cáliz

Extinguimos esta llama
pero no la luz de la verdad,
el calor de comunidad
o el fuego de nuestro compromiso.
Estos los llevaremos en el corazón
hasta que estemos juntos otra vez.

© 1993 Elizabeth Selle Jones (estadounidense, 1926–2006)
Traducción: © 2002 Lilia Cuervo (colombiana, n. 1937)
#456 en *Singing the Living Tradition*

Índice temático

Adoración (Worship)
40 Pequeña voz
41 Preciosa gracia

Adviento (Advent)
48 Entren, santos peregrinos
47 Las posadas
46 Oh ven, oh ven, Emanuel

Alabanza y celebración (Praise and Celebration)
2 ¿Adónde voy?
63 Alabadle (Haleluhu)
6 De boca y corazón
14 De colores
33 El amor nunca pasará
3 Gracias por el amor
8 Jubilosos te adoramos
22 Llama de amor viva
1 Madre Esencia, Padre Esencia
7 Nombres sin fin
5 Oh, Dios de mi alma
40 Pequeña voz
15 Por la Tierra sempiterna
10 Surge la aurora
65 Ven, ven, alégrate hoy
64 Vienen con alegría

Amistad (Friendship)
39 Amar es entregarse
43 De ti yo recibo
3 Gracias por el amor
62 No rompas este círculo
38 Somos el niño
37 Ven, ven, cual eres, ven
64 Vienen con alegría

Amor y compasión (Love and Compassion)
39 Amar es entregarse
23 El alma que anda en amor
33 El amor nunca pasará
31 Fuente de Amor
3 Gracias por el amor
22 Llama de amor viva
62 No rompas este círculo
32 Sólo le pido a Dios
21 Ven, Espíritu de Amor

Bienvenida (Welcome)
29 Danos un corazón
30 Danos un corazón
14 De colores
11 De noche iremos
57 Del Oriente somos los tres
48 Entren, santos peregrinos
35 Hazme un instrumento de tu paz
61 Las mañanitas
47 Las posadas
22 Llama de amor viva
62 No rompas este círculo
60 Nos hemos reunido
66 Que recibamos a esta luz
42 Shalom
38 Somos el niño
10 Surge la aurora
65 Ven, ven, alégrate hoy
37 Ven, ven, cual eres, ven
64 Vienen con alegría

Canciones matutinas (Morning Songs)
10 Surge la aurora

Canciones vespertinas (Evening Songs)
11 De noche iremos
12 La tiniebla

Cantos de entrada (Entrance Songs)
65 Ven, ven, alégrate hoy
64 Vienen con alegría

La celebración de la vida
(The Celebration of Life)
2 ¿Adónde voy?
4 Es un don ser sencillo
3 Gracias por el amor
1 Madre Esencia, Padre Esencia

Compromiso y acción
(Commitment and Action)
29 Danos un corazón
30 Danos un corazón
28 Vamos todos adelante / Sin volver atrás

Comunidad y aceptación
(Community and Acceptance)
39 Amar es entregarse
43 De ti yo recibo
38 Somos el niño
37 Ven, ven, cual eres, ven

Comunión (Communion)
75 De rodillas partamos hoy el pan
76 Lleva la llama

Dios (God)
18 Busco calma
6 De boca y corazón
31 Fuente de Amor
8 Jubilosos te adoramos
17 Más cerca, oh Dios, de ti
7 Nombres sin fin
16 Oh Dios de lo creado
5 Oh, Dios de mi alma
15 Por la Tierra sempiterna
32 Sólo le pido a Dios
21 Ven, Espíritu de Amor
64 Vienen con alegría

Dolor y pena (Sorrow and Grief)
2 ¿Adónde voy?
19 Cansado del camino
36 Cantando por nuestras vidas
26 En nuestra oscuridad
11 De noche iremos
17 Más cerca, oh Dios, de ti
41 Preciosa gracia

Doxologías y cánones
(Doxologies and Canons)
69 Cantemos ¡sí!
72 Danos paz
70 De todos bajo el gran sol
74 Día ya es
71 Unidos en el misterio
73 Vayan en paz

Encendido del Cáliz
(Lighting the Chalice)
67 Brille tu luz
68 Mi pequeñita luz
66 Que recibamos esta luz

Epifanía (Epiphany)
57 Del Oriente somos los tres

Esperanza (Hope)
59 El botón es flor mañana
60 Nos hemos reunido

Eternidad (Eternity)
33 El amor nunca pasará
59 El botón es flor mañana
58 Jesucristo asciende hoy
17 Más cerca, oh Dios, de ti
5 Oh, Dios de mi alma

Familia (Family)
39 Amar es entregarse
6 De boca y corazón
48 Entren, santos peregrinos
61 Las mañanitas
47 Las posadas
38 Somos el niño

Gratitud (Gratitude)
6 De boca y corazón
43 De ti yo recibo
74 Día ya es
3 Gracias por el amor
35 Hazme un instrumento de tu paz
61 Las mañanitas
60 Nos hemos reunido
15 Por la Tierra sempiterna
41 Preciosa gracia

66 Que recibamos esta luz
10 Surge la aurora

La humanidad: hombres y mujeres
(Humanity: Men and Women)
61 Las mañanitas
62 No rompas este círculo

Justicia (Justice)
36 Cantando por nuestras vidas
29 Danos un corazón
30 Danos un corazón
35 Hazme un instrumento de tu paz
32 Sólo le pido a Dios
47 Las posadas
34 Libertad
27 Romero de América
28 Vamos todos adelante/
Sin volver atrás

Libertad (Freedom)
34 Libertad

Meditación y cantos místicos
(Meditation and Mystical Songs)
18 Busco calma
19 Cansado del camino
23 El alma que anda en amor
26 En nuestra oscuridad
22 Llama de amor viva
17 Más cerca, oh Dios, de ti
9 Sé que abrirá esta rosa
25 Sed vuestras propias lámparas
24 Tengo sed de ti
21 Ven, Espíritu de Amor

Música litúrgica
(Liturgical Music)
67 Brille tu luz
18 Busco calma
69 Cantemos ¡sí!
72 Danos paz
11 De noche iremos
43 De ti yo recibo
70 De todos bajo el gran sol
74 Día ya es
23 El alma que anda en amor
68 Mi pequeñita luz
12 La tiniebla
22 Llama de amor viva
76 Lleva la llama
20 Oh tierra, el agua, el fuego y el aire
66 Que recibamos esta luz
25 Sed vuestras propias lámparas
42 Shalom
24 Tengo sed de ti
71 Unidos en el misterio
73 Vayan en paz
21 Ven, Espíritu de Amor
65 Ven, ven, alégrate hoy
64 Vienen con alegría

La naturaleza (Nature)
14 De colores
11 De noche iremos
74 Día ya es
59 El botón es flor mañana
3 Gracias por el amor
12 La tiniebla
61 Las mañanitas
16 Oh Dios de lo creado
20 Oh tierra, agua, fuego y aire
15 Por la Tierra sempiterna
13 Resucita el mundo ya
9 Sé que abrirá esta rosa
10 Surge la aurora

Navidad (Christmas)
56 A medianoche se escuchó
52 ¡Ay del chiquirritín!
44 Campana sobre campana
49 Dichosa tierra, proclamad
53 El rorro
51 Los zagales y zagalas
54 Noche de paz
50 Oh, pueblecito de Belén
55 Vamos, pastores, vamos

La Pascua florida (Easter)
58 Jesucristo asciende hoy

Paz (Peace)
35 Hazme un instrumento de tu paz

Perdón (Forgiveness)

39 Amar es entregarse
67 Brille tu luz
36 Cantando por nuestras vidas
29 Danos un corazón
30 Danos un corazón
33 El amor nunca pasará
4 Es un don ser sencillo
35 Hazme un instrumento de tu paz
12 La tiniebla
62 No rompas este círculo
16 Oh Dios de lo creado
41 Preciosa gracia

La Primavera (The Spring)

14 De colores
13 Resucita el mundo ya

Quince Años/Confirmación (Fifteen Years/Coming of Age)

2 ¿Adónde voy?
3 Gracias por el amor
35 Hazme un instrumento de tu paz
61 Las mañanitas

Salmos (Psalms)

63 Alabadle (Haleluhu)
24 Tengo sed de ti

Solsticio de invierno (Winter Solstice)

45 Decoremos los salones

La Tradición Hebrea (The Jewish Tradition)

42 Shalom

Unidad y diversidad (Unity and Diversity)

39 Amar es entregarse
36 Cantando por nuestras vidas
69 Cantemos ¡sí!
29 Danos un corazón
30 Danos un corazón
14 De colores
43 De ti yo recibo
70 De todos bajo el gran sol
74 Día ya es
68 Mi pequeñita luz
60 Nos hemos reunido
32 Sólo le pido a Dios
38 Somos el niño
71 Unidos en el misterio
28 Vamos todos adelante/Sin volver atrás
64 Vienen con alegría

Valentía y esperanza (Courage and hope)

29 Danos un corazón
30 Danos un corazón
33 El amor nunca pasará
59 El botón es flor mañana
26 En nuestra oscuridad
62 No rompas este círculo
60 Nos hemos reunido
32 Sólo le pido a Dios
28 Vamos todos adelante/Sin volver atrás

Vidas ejemplares (Exemplars)

27 Romero de América

Información sobre el origen del texto y la música

Adams, Sarah Flower, 17
Arkin, David, 14
Athans, Speros D., 49

Barrios, Ervin, 7, 9, 28, 31, 37, 38, 41, 56, 73, 77
Beethoven, Ludwig van, 8
Bell, John L., 67
Benjamin, Thomas, 62, 66
Berthier, Jacques, 11, 12, 24, 26
Boyer, Horace Clarence, 68
Bracket, Joseph, Jr., 4
Braulio-Corchado, Ana Inés, 16
Brooks, Phillips, 50
Brown, Harold, 76
Buda, Siddarta Gautama, 25

Cabrera, Juan B., 17
Čapek, Norbert F., 1
Ciria, Eduardo, 55
Corrado, John, 40
Cortés, Eleazar, 33
Crüger, Johann, 6
Cuervo, Lilia, 14, 18, 25, 38, 65, 69, 78, 79

Dawson, David, 1
de la Cruz, San Juan, 22, 23

Espinosa, Juan Antonio, 29, 30
Evans, David, 10, 16

Farjeon, Eleanor, 10
Fliedner, Federico, 6, 54
Forgaill, Dallan, 5

Gabaráin, Cesáreo, 2, 64
Gieco, León, 32
Grigolia, Mary E., 9, 38
Gruber, Franz X., 54

Handel, George Friedrich, 49
Helmore, Thomas, 46
Hopkins, John Henry, Jr., 57
Howe, Charles A., 66
Huber, Jane Parker, 16
Humphries, Pat, 28

Iverson, Daniel, 21

Jones, Elizabeth Selle, 79

Kaan, Fred, 62
Kremser, Edward, 60
Kreutz, Robert E., 48

Longfellow, Samuel, 13
Lovelace, Austin Cole, 41

Martínez, Raquel M., 4, 40, 47, 68
Mason, Lowell, 17, 49
McDade, Carolyn, 31
Mohr, Joseph, 54
Morales, Alfredo Aníbal, 14

Naylor, Effie Chastain de, 50, 57
Near, Holly, 36
Newton, John, 41

Oler, Kim, 15

Pagura, Federico J., 5, 8, 46, 72, 75
Pascoe, Samuel, 29
Pavey, Patricia, 76
Peck, Susan, 19, 27, 33, 51
Phillips, Larry, 18
Porter, Philip A., 71

Ratelle, Daniel, 44, 53
Redner, Lewis H., 50
Rickey, Patrick L., 36

Rinkart, Martín, 6
Rodríguez, Oscar L., 59
Romero, Jesús Adrián, 19
Rosales, Luis, 11
Ross, William James, 3, 30, 35, 38, 52, 55
Rumí, Yalal aDín Muhammad, 37

Salmos 103, 24
Salmos 150, 63
San Francisco de Asís, 35
San Juan de la Cruz, 22, 23
Seaburg, Carl G., 18
Sears, Edmund Hamilton, 56
Segal, Nathan, 43
Sleeth, Natalie, 59, 73
Slegers, Mark, 63
Smith, Gaylord E., 1, 4, 7, 10, 13, 15, 16, 20, 32, 36, 38, 45, 58, 60, 62, 66, 71, 74, 76
Suárez Bernal, Gildardo, 2, 32, 34, 39, 61, 64

Tello, Félix, 27
Temple, Sebastian, 35

Ungar, Lynn Adair, 37

Van Dyke, Henry, 8

Watts, Isaac, 49, 70
Westrup, Tomás M., 50
Wesley, Charles, 58
Willis, Richard Storrs, 56
Williams, L. Griswold, 77
Wren, Brian, 7
Wylder, Betty A., 65

Young, Carlton R., 5, 7

Índice de primeras líneas y títulos

Cuando el nombre de la canción es diferente de la primera línea, se dan los dos. Los títulos están todas en mayúsculas

2 ¿ADÓNDE VOY?
53 A la rurrurru
56 A medianoche se escuchó
52 *Ah, the Little One*
63 Alabadle (Haleluhu)
39 Amar es entregarse
41 *Amazing Grace*
52 ¡Ay del chiquirritín!
5 *Be Thou My Vision*
25 *Be Ye Lamps unto Yourselves*
44 *Bell after Bell*
62 *Break Not the Circle*
67 Brille tu luz
7 *Bring Many Names*
18 Busco calma
2 Caminando voy
44 Campana sobre campana
19 Cansado del camino
36 CANTANDO POR NUESTRAS VIDAS
69 CANTEMOS ¡SÍ!
76 *Carry the Flame*
37 *Come, Come, Whoever You Are*
48 *Come, Holy Pilgrims*
21 *Come, Spirit of Love*
72 Danos paz
29 Danos un corazón
30 Danos un corazón
6 De boca y corazón
14 De colores
11 De noche iremos
75 De rodillas partamos hoy el pan
43 De ti yo recibo
70 De todos bajo el gran sol
45 Decoremos los salones
45 *Deck the Hall with Boughs of Holly*
57 Del Oriente somos los tres
74 Día ya es
49 Dichosa tierra, proclamad
72 *Dona Nobis Pacem*
23 El alma que anda en amor
77 El amor es la doctrina de esta iglesia
33 El amor nunca pasará
59 El botón es flor mañana
53 EL RORRO
47 En nombre del cielo
26 En nuestra oscuridad
65 *Enter, Rejoice, and Come In*
48 Entren, santos peregrinos
4 Es un don ser sencillo
61 Éstas son las mañanitas que cantaba el rey David
79 Extinguimos esta llama
18 *Find a Stillness*
22 *Flame of Living Love*
15 *For the Earth Forever Turning*
70 *From All That Dwell*
43 *From You I Receive*
31 Fuente de Amor
71 *Gathered Here*
30 *Give Us a Strong Heart*
73 *Go Now in Peace*
3 Gracias por el amor
63 *Haleluhu*
35 Hazme un instrumento de tu paz
53 *Hush, Little Baby*
9 *I Know This Rose Will Open*
32 *I Only Ask God*
24 *I Thirst for You*
26 *In Our Darkness*
56 *It Came upon the Midnight Clear*
58 Jesucristo asciende hoy
58 *Jesus Christ Is Risen Today*
49 *Joy to the World!*
8 *Joyful, Joyful, We Adore Thee*
8 Jubilosos te adoramos
28 *Keep On Moving Forward/Never Turning Back*
68 Mi pequeñita luz
12 La tiniebla
61 LAS MAÑANITAS
47 LAS POSADAS

75 *Let Us Break Bread Together*
34 Libertad
34 *Liberty*
22 Llama de amor viva
76 Lleva la llama
13 *Lo, the Earth Awakes Again*
27 Los gorrioncillos del campo
51 Los zagales y zagalas
33 *Love Will Never End*
1 Madre Esencia, Padre Esencia
35 *Make Me an Instrument of Your Peace*
17 Más cerca, oh Dios, de ti
66 *May We Be Open to This Light*
10 *Morning Has Broken*
74 *Morning Has Come*
1 *Mother Spirit, Father Spirit*
17 *Nearer, My God, to Thee*
62 No rompas este círculo
54 Noche de paz
7 Nombres sin fin
60 Nos hemos reunido
69 *Now Let Us Sing*
6 *Now Thank We All Our God*
46 *O Come, O Come, Emmanuel*
16 *O God of Everything Created*
50 *O Little Town of Bethlehem*
16 Oh Dios de lo creado
5 Oh, Dios de mi alma
50 Oh, pueblecito de Belén
20 Oh tierra, el agua, el fuego y el aire
46 Oh ven, oh ven, Emanuel
40 Pequeña voz
15 Por la Tierra sempiterna
41 Preciosa gracia
78 Que esta luz que ahora encendemos
66 Que recibamos esta luz
13 Resucita el mundo ya
27 ROMERO DE AMÉRICA
27 *Romero of America*
47 *Room at the Inn*
9 Sé que abrirá esta rosa
25 Sed vuestras propias lámparas
42 Shalom
42 *Shalom Havayreem*
55 *Shepherds, On to Bethlehem*
67 *Shine Your Light*
54 *Silent Night, Holy Night*
28 SIN VOLVER ATRÁS
32 Sólo le pido a Dios
38 Somos el niño
36 Somos humilde pueblo airado
31 *Spirit of Life*
10 Surge la aurora
24 Tengo sed de ti
3 *Thanks for Love*
59 *The Bud Is Tomorrow's Flower*
20 *The Earth, Water, Fire, Air*
61 *Serenade*
51 *The Shepherds*
23 *The Soul in Love*
64 *They Come With Joy*
68 *This Little Light of Mine*
4 *'Tis a Gift to Be Simple*
39 *To Love Is to Surrender*
71 Unidos en el misterio
12 *Utter Darkness*
55 Vamos, pastores, vamos
28 VAMOS TODOS ADELANTE
73 Vayan en paz
21 Ven, Espíritu de Amor
65 Ven, ven, alégrate hoy
37 Ven, ven, cual eres, ven
64 Vienen con alegría
40 *Voice Still and Small*
36 *We Are a Gentle, Angry People*
38 *We Are the Child*
60 *We Gather Together*
19 *Weary of the Road*
11 *We Go Through the Night*
57 *We Three Kings of Orient Are*
2 *Where Am I Going?*

Acknowledgments

We gratefully acknowledge our indebtedness to these individuals and publishers who have granted permission for use of their copyrighted material.

1 Translation: © 1999 Gaylord E. Smith.
Harmony: © 1985 David Dawson.

2 Words, Music: Cesáreo Gabaráin, published by OCP Publications, 5536 NE Hassalo, Portland, OR 97213, all rights reserved, used with permission.
Harmony: © 2002 Gildardo Suárez Bernal.

3 Arrangement: William James Ross, ASCAP, © 2009 Unitarian Universalist Association.

4 Translation: © 2010 Gaylord E. Smith and Raquel M. Martínez.

5 Translation: © 1962 Bishop Federico J. Pagura.
Harmony: Carlton R. Young, Abingdon Press (administered by the Copyright Company, Nashville, TN), all rights reserved, international copyright secured, used by permission.

7 Words: Brian Wren, © 1989 Hope Publishing Company, Carol Stream, IL 60188, all rights reserved, used by permission.
Translation: 2002 Ervin Barrios, Gaylord E. Smith, © 2009 Hope Publishing Company, Carol Stream, IL 60188, all rights reserved, used by permission.
Music: Carlton R. Young, © 1989 Hope Publishing Company, Carol Stream, IL 60188, all rights reserved, used by permission.

8 Translation: Federico J. Pagura, © 1996 Abingdon Press (administered by the Copyright Company, Nashville, TN), all rights reserved, international copyright secured, used by permission.

9 Words, Music: © 1989 Mary E. Grigolia.
Translation: © 2010 Ervin Barrios.

10 Words: Eleanor Farjeon, © 1931 David Higham Associates, used with permission.
Translation: © 1999 Gaylord E. Smith.
Harmony: David Evans (1874–1948) from *The Revised Church Hymnary 1927,* reproduced by permission of Oxford University Press, all rights reserved.

11 Words, Music: GIA, copyright © 1986 by Les Presses de Taizé (France), used by permission of GIA Publications, Inc., all rights reserved, printed in U.S.A., 7404 S. Mason Ave., Chicago, IL 60638, www.giamusic.com, 800/422-1358.

12 Words, Music: GIA, copyright © 1991 by Les Presses de Taizé (France), used by permission of GIA Publications, Inc., all rights reserved, printed in U.S.A., 7404 S. Mason Ave., Chicago, IL 60638, www.giamusic.com, 800/422-1358.

13 Translation: © 2002 Gaylord E. Smith.

14 Verse 3 Translation: © 1999 Lilia Cuervo.
Arrangement: Alfredo Aníbal Morales, copyright © 1987 World Library Publications, 3708 River Road, Suite 400, Franklin Park, IL 60131-2158, 800/566-6150, www.wlpmusic.com, all rights reserved, used by permission.

15 Words, Music: Kim Oler, copyright © 1990, 2003 Helium Music, all rights cleared through Blue Parasol, a division of Helene Blue Musique Ltd., reprinted by permission, all rights reserved.
Translation: Gaylord E. Smith, © 2009 Helium Music, all rights cleared through

Blue Parasol, a division of Helene Blue Musique Ltd., reprinted by permission, all rights reserved.

16 Words, Music: © 1992 Jane Parker Huber, used by permission of Janet Huber Lowry.
Translation: © 1996 Ana Inés Braulio-Corchado, alt. Gaylord E. Smith.

18 Words: Carl G. Seaburg, © 1992 Unitarian Universalist Association.
Translation: © 2001 Lilia Cuervo.
Harmony: Larry Phillips, © 1992 Unitarian Universalist Association.

19 Words, Music: Jesús Adrián Romero, © 1996 Vastago Producciones.
Arrangement: Susan Peck, © 2009 Unitarian Universalist Association.

20 Translation: © 2002 Gaylord E. Smith.

21 Words, Music: Daniel Iverson, © 1935, renewed 1963 Birdwing Music (admin. By EMI Christian Music Publishing c/o: Music Services), all rights reserved, used by permission.

22 Music: GIA, copyright © 1986 by Les Presses de Taizé (France), used by permission of GIA Publications, Inc., all rights reserved, printed in U.S.A., 7404 S. Mason Ave., Chicago, IL 60638, www.giamusic.com, 800/422-1358.

23 Music: GIA, copyright © 1986 by Les Presses de Taizé (France), used by permission of GIA Publications, Inc., all rights reserved, printed in U.S.A., 7404 S. Mason Ave., Chicago, IL 60638, www.giamusic.com, 800/422-1358.

24 Words, Music: GIA, copyright © 1982 by Les Presses de Taizé (France), used by permission of GIA Publications, Inc., all rights reserved, printed in U.S.A., 7404 S. Mason Ave., Chicago, IL 60638, www.giamusic.com, 800/422-1358.

25 Translation: © 1999 Lilia Cuervo.

26 Words, Music: GIA, copyright © 1986 by Les Presses de Taizé (France), used by permission of GIA Publications, Inc., all rights reserved, printed in U.S.A., 7404 S. Mason Ave., Chicago, IL 60638, www.giamusic.com, 800/422-1358.

27 Words, Music: © 2005 Félix Tello.
Arrangement: Susan Peck, © 2009 Unitarian Universalist Association.

28 Words, Music: Pat Humphries, © 1984 Moving Forward Music, BMI, www.emmasrevolution.com, used by permission.
Translation: © 2002 Ervin Barrios.
Arrangement: © 2002 Gildardo Suárez Bernal.

29 Words, Music: © 1972 Juan Antonio Espinosa.
Harmony: Samuel Pascoe.

30 Words, Music: © 1972, 1999 Juan A. Espinosa, published by OCP Publications, 5536 NE Hassalo, Portland, OR 97213, all rights reserved, used with permission.
Arrangement: William James Ross, ASCAP, © 2009 Unitarian Universalist Association.

31 Words, Music: © 1981 Carolyn McDade.
Translation: © 1999 Ervin Barrios.
Harmony: Grace Lewis-McLaren, © 1992 Unitarian Universalist Association.

32 Words, Music: © 1978 León Gieco (Argentinian composer and popular singer).
Arrangement: © 2005 Gaylord E. Smith, Gildardo Suárez Bernal.

33 Words, Music: © 1997 Eleazar Cortés , published by OCP Publications, 5536 NE Hassalo, Portland, OR 97213, all rights reserved, used with permission.
Arrangement: Susan Peck, © 2009 Unitarian Universalist Association.

34 Arrangement: © 2005 Gildardo Suárez Bernal.

35 Music: Sebastian Temple, © 1981, OCP Publications, 5536 NE Hassalo, Portland, OR 97213, all rights reserved, used with permission.
Arrangement: William James Ross, ASCAP, 2009 Unitarian Universalist Association.

36 Words, Music: Holly Near, © Hereford Music, 1979, used by permission, www.hollynear.com.
Translation: © 2004 Gaylord E. Smith.
Arrangement: Patrick L. Rickey, © 1992 Unitarian Universalist Association.

37 Music: © 1989 Lynn Adair Ungar.
Translation: © 1999 Ervin Barrios.

38 Words, Music: © 1999 Mary E. Grigolia.
Translation: © 2001 Ervin Barrios, Gaylord E Smith, Lilia Cuervo.
Arrangement: William James Ross, ASCAP, © 2009 Unitarian Universalist Association.

39 Arrangement: © 2005 Gildardo Suárez Bernal.

40 Words, Music: © 1987 John Corrado.
Translation: © 2010 Raquel M. Martínez.

41 Translation: © 2009 Ervin Barrios.
Arrangement: Austin Cole Lovelace, © 1964, 1992 Abingdon Press (administered by the Copyright Company, Nashville, TN), all rights reserved, international copyright secured, used by permission.

43 Words, Music: Nathan Segal, © 1969, 2008; www.natan.net.
Translation: © 1999 Lilia Cuervo.

44 Arrangement: Daniel Ratelle, © 2009 Unitarian Universalist Association.

45 Translation: © 2000 Gaylord E. Smith.

46 Translation: © 1962 Bishop Federico J. Pagura.

47 Arrangement: © 2001 Raquel M. Martínez.

48 Arrangement: Robert E. Kreutz, © 1990 OCP Publications, 5536 NE Hassalo, Portland, OR 97213, all rights reserved, used with permission.

49 Translation: Speros D. Athans, © 1961 Word Music, LLC, all rights reserved, used by permission.

51 Arrangement: Susan Peck, © 2009 Unitarian Universalist Association.

52 Arrangement: William James Ross, ASCAP, © 2009 Unitarian Universalist Association.

53 Arrangement: Daniel Ratelle, © 2009 Unitarian Universalist Association.

55 Arrangement: William James Ross, ASCAP, © 2009 Unitarian Universalist Association.

56 Translation: © 2009 Ervin Barrios.

58 Translation: © 2002 Gaylord E. Smith.

59 Words, Music: Natalie Sleeth, © 1986 Hope Publishing Company, Carol Stream, IL 60188, all rights reserved, used by permission.
Translation: Oscar Rodríguez, © 1987 Hope Publishing Company, Carol Stream, IL 60188, all rights reserved, used by permission.

60 Words: Dorothy Caiger Senghas and Robert E. Senghas, © 1992 Unitarian Universalist Association.
Translation: © 2000 Gaylord E. Smith.

61 Arrangement: © 2005 Gildardo Suárez Bernal.

62 Words: Fred Kaan, © 1975 Hope Publishing Company, Carol Stream, IL 60188, all rights reserved, used by permission.
Translation: Gaylord E. Smith, © 2009 Hope Publishing Company, Carol Stream, IL 60188, all rights reserved, used by permission.
Music: Thomas Benjamin, © 1992 Unitarian Universalist Association.

63 Spanish adaptation: © 2002 Gaylord E. Smith.
Arrangement: Mark Slegers, © 1993 Unitarian Universalist Association.

64 Words, Music: Cesáreo Gabaráin, published by OCP Publications, 5536 NE Hassalo, Portland, OR 97213, all rights reserved, used with permission.
Arrangement: © 2005 Gildardo Suárez Bernal.

65 Translation: © 1999 Lilia Cuervo.
Arrangement: Betty A. Wylder, © 1992 Unitarian Universalist Association.

66 Words: © Charles A. Howe.
Translation: © 2002 Gaylord E. Smith.
Music: © Thomas Benjamin.

67 Words, Music: John L. Bell, © 1987, 2008 WGRG The Iona Community (Scotland), used by permission of GIA Publications, Inc., all rights reserved, printed in U.S.A., 7404 S. Mason Ave., Chicago, IL 60638, www.giamusic.com, 800/442-1358.
Translation: © 1987, 2008 WGRG The Iona Community (Scotland), used by permission of GIA Publications, Inc., all rights reserved, printed in U.S.A, 7404 S. Mason Ave., Chicago, IL 60638, www.giamusic.com, 800/442-1358.

68 Arrangement: Horace Clarence Boyer.
Translation: © 2010 Raquel M. Martínez.

69 Translation: © 1999 Lilia Cuervo.

71 Words, Music: © 1991 Philip A. Porter.
Translation: © 2000 Gaylord E. Smith.

72 Translation: © 1989 Bishop Federico J. Pagura.

73 Words, Music: Natalie Sleeth, © 1976 Hinshaw Music, Inc., translated and printed with permission.
Translation: © 1999 Ervin Barrios.

74 Translation: © 2001 Gaylord E. Smith.

75 Translation: © 1962 Bishop Federico J. Pagura.

76 Words and Music: © 1979 Patricia Pavey.
Translation: © 2002 Gaylord E. Smith.
Arrangement: © 1990 Harold Brown.

77 Translation: © 2002 Ervin Barrios.

78 Translation: © 2002 Lilia Cuervo.

79 English: © Elizabeth Selle Jones, reprinted by permission of Jeffrey P. Lambkin.
Translation: © 2002 Lilia Cuervo.